W0398121

PINSA

PINSA

Daniela Taglialegne
Sven Oliver Neitzel

Italienische Lebenslust auf knusprig-luftigem Teig

Mit 80 Rezepten

at VERLAG

INHALTSVERZEICHNIS

VORWORT

In einer Zeit, in der uns Fastfood, To-go-Essen und Essenslieferungen nach Hause als erstrebenswert vermittelt werden, ist für uns die Pinsa der Weg zurück zu der eigentlichen Bedeutung des Wortes »Lebens-Mittel«.

Essen ist Dreh- und Angelpunkt unseres Lebens – ohne Nahrung kein Überleben. Sollten wir ihm also nicht eine viel größere Bedeutung zugestehen, ohne die so verbreiteten Dogmen und Verbote, die viele Ernährungsformen mit sich bringen?

Ganz bewusst verzichten wir darauf, von »gesunder« Ernährung zu sprechen – »gesund« ist ein Thema, das viel zu breit gefächert, zu individuell und inzwischen ein wenig überstrapaziert erscheint. »Bewusst« ist das Schlagwort – wer an einem Samstagmorgen über einen Markt schlendert, sich für frische, unbehandelte, vielleicht sogar regionale, unverpackte Produkte entscheidet, wer im Grunde schon mehr tut, als nur zum nächstbesten Produkt im Supermarktregal zu greifen, sondern sich Gedanken darüber macht, warum er sich für welches Lebensmittel entscheidet, wer sein Essen bewusst wahrnimmt und nicht gedankenlos in sich hineinstopft – der kann im Grunde nicht »ungesund« leben.

Bewusst essen ist, den unverfälschten Geschmack eines Prosciutto di San Daniele wahrzunehmen, wenn er hauchdünn geschnitten direkt von der Maschine kommt – die Augen zu schließen und ihn in all seinen Aromen wahrzunehmen; ein Stück Parmesan direkt aus dem Laib herauszubrechen und zu erkennen: Die Intensität dieser Aromen hat nichts mit der Farblosigkeit eines fertig geriebenen Parmesans zu tun. Sich bewusst zu ernähren ist aber auch, eine Salami in Italien zu kaufen, die bei einer Nonna im Keller hing, und zu erkennen: Salami ist gar nicht rot, sie ist grau-braun, ungleichmäßig und völlig unperfekt – und schmeckt trotzdem ganz wunderbar, sie ist weit entfernt davon, kalorienarm zu sein, aber eben auch das ist bewusst: sich bewusst für dieses Fett und die Kalorien zu entscheiden und den Geschmack ohne schlechtes Gewissen auszukosten.

Wie passt dies nun zu Pinsa? Und was macht die Pinsa eigentlich aus?

Eine Pinsa ist im Grunde eine Art Fladenbrot, das man je nach Lust und Laune herzhaft oder süß belegt oder auch pur genießt. Ihr Teig ist superbekömmlich – innen besonders leicht und fluffig, außen mit einer dünnen und herrlich knusprigen Teigschicht, welche all die frischen Toppings nicht nur trägt, sondern geschmacklich erst richtig hervorhebt. Sie ist kinderleicht zu belegen und gibt jedem Liebhaber von besten Produkten und vielfältigen Aromen die Möglichkeit, sich kreativ auszutoben, seiner Fantasie keine Grenzen zu setzen. Ob herzhaft oder lieblich, salzig oder süß, vegan oder vegetarisch – Pinsa ist DIE kulinarische Bühne für eure Lieblingsprodukte und euren persönlichen Geschmack.

Bei der Zubereitung einer Pinsa wird eben nicht nur etwas bei großer Hitze im Backofen verbrutzelt oder mit Unmengen Käse bedeckt und damit völlig geschmacklos gemacht – nein: Selbst zubereitete Saucen, viele frische und dadurch auch gesündere Produkte, eine tolle Optik und das Ganze auf knusprig-luftigem Teig – DAS macht eine Pinsa aus!

In Italien schon lange kein Geheimtipp mehr, entwickelt sich ganz langsam auch in Deutschland eine Pinsa-Kultur, und die Pinsa wird vom Insidertipp zum neuen Trendfood.

Für uns persönlich ist die Pinsa aber noch ein bisschen mehr als nur die Einzigartige mit dem Superteig. Sie ist ein Weg zurück zu den Anfängen, zu allem, was uns an dieser schnelllebigen Zeit nicht gefällt, weg von der genormten Industriepizza, zurück zur echten Handarbeit, mit Menschen, die zum Testen des Teigs die Augen schließen, mit denen man stundenlang über Belagskreationen und die Vorteile von San-Daniele-Schinken gegenüber Parmaschinken diskutieren kann, die dir mitten in der Nacht Nachrichten schreiben, weil ihnen eine tolle neue Kombination eingefallen ist.

Sie ist italienische Lebenslust, sie ist gemeinsam in der Küche stehen und mit Freunden und Familie Zeit verbringen, sie ist ein lauter Besuch auf einem Markt mit all seinen Farben, Gerüchen und Wahrnehmungen, sie ist das Gefühl, aus einem Samstagseinkauf ein Familienevent zu machen, sie ist der Hauch von Erinnerung an große Familienfeste, die immer in der Küche stattgefunden haben.

Sie ist aber auch die Möglichkeit, sich an Essen heranzuwagen – und das, ohne kochen zu können. Denn wir wollen zeigen: Der Teig mag ein wenig aufwendig in der Herstellung sein, aber was das Produkt und das Erlebnis ausmacht, ist im Grunde nur die Wahl der Zutaten – und die müssen bewusst und mit Liebe ausgewählt sein, ohne viele Gewürze, ohne aufwendige Zubereitung.

So ist dann auch unser Credo für dieses Buch: »Du bist, was du isst – also sei nicht schnell, billig, einfach oder unecht.«

PINSA ROMANA – WER HAT'S ERFUNDEN?

Um die Entstehung und Geschichte der Pinsa ranken sich diverse Geschichten und Anekdoten.

In Deutschland und Italien ist wohl die von der Marketingidee eines italienischen Unternehmens am bekanntesten, das gerne behauptet, die Pinsa stamme aus dem Alten Rom. Leider ist diese Behauptung eher unwahrscheinlich, wie beim Blick auf die Inhaltsstoffe der Pinsa klar wird: Soja zum Beispiel wird erst seit etwa hundertdreißig Jahren in Europa angebaut – nachdem ein österreichischer Professor auf der Wiener Weltausstellung 1873 Sojabohnen von Besuchern geschenkt bekam. Es kursieren viele solcher Legenden – aber alle haben, wie so oft, einen wahren Kern.

Teigfladen sind bereits seit einigen Jahrhunderten vor Christus bekannt; im Persischen Reich sollen Soldaten welche auf ihren Schilden gebacken und mit Datteln und Käse belegt haben. Und auch Ägypter und Sumerer sollen schon seit dem 5. Jahrhundert vor Christus einen auf Stein gebackenen Brei gekannt und somit eine Art »Fladenbrot« zubereitet haben. Andere Quellen wiederum behaupten, es wären die Griechen beziehungsweise Etrusker, die seit dem 8. Jahrhundert vor Christus einen auf Stein gebackenen Teigfladen kannten und diesen mit Öl und Kräutern bestrichen.

Allen Quellen gemeinsam ist aber, dass Teigfladen aus Brei – mit wechselnden Zutaten der jeweiligen Gebiete und Jahrhunderte – ein altbekanntes Verfahren zur Herstellung transportabler, praktischer Unterlagen für diverse Beläge sind. Im Laufe der Zeit wurden zwar Teigzutaten, Zubereitung und Belag verändert – aber das Prinzip ist tatsächlich ähnlich geblieben.

Wie auch bei der Pizza ist der Ursprung der Pinsa also eine Mischung aus Tatsachen und Legenden – am Ende aber sind vermutlich beide, die Pinsa wie die Pizza, eine Weiterentwicklung einer ursprünglichen Idee, nämlich einen Fladen mit Belag herzustellen.

ARME-LEUTE-ESSEN – ODER WIE DIE SAUCE AUF DIE PIZZA KAM ...

Erst viele Jahrhunderte nach den ersten Erwähnungen der Teigfladen, um 1520, kamen die ersten Tomaten aus Südamerika auf dem Seeweg nach Italien. Zunächst galten sie in Europa wegen ihres knalligen Rots als giftig und wurden ausschließlich als Zierpflanzen angebaut. Ihre Verwendung als Belag für die Pizza entstand aus der Not heraus: Um ihre Mahlzeiten ein wenig reichhaltiger zu machen, sah sich die bitterarme Bevölkerung um Neapel gezwungen, ihre Teigfladen durch die Tomate zu ergänzen – ein Wendepunkt in der Geschichte von Tomate UND Teigfladen.

Bis zur Entstehung der ersten Pizzeria – im Übrigen auch in Neapel – sollten jedoch noch einige Jahrhunderte vergehen. War die Pizza inzwischen bei der armen Bevölkerung durchaus bekannt und etabliert, stand sie jedoch noch immer im Ruf, ein Arme-Leute-Essen zu sein, nichts für die elitäre Oberschicht. Das sollte sich erst 1889 ändern, als König Umberto mit seiner Frau Margherita Neapel besuchte. Er hatte schon von dieser köstlichen Teigspezialität gehört, diesem Essen der kleinen Leute, aber natürlich konnte ein König nicht einfach eine einfache Pizzeria besuchen, und so wurde Raffaele Esposito, ein Pizzabäcker aus Neapel, beauftragt, eine Pizza zum Palast Seiner Majestät zu liefern. Raffaele Esposito belegte die Pizza – getreu den italienischen Nationalfarben Rot, Weiß und Grün – mit Tomaten, Mozzarella und Basilikum und nannte sie der Königin zu Ehren »Margherita«. Die Königin soll so begeistert gewesen sein, dass die Pizza nun auch für die Aristokratie als salonfähig erklärt wurde. Ein Dankesschreiben an die Pizzabäckerei Raffaele hängt noch heute an der Wand der Pizzeria in Neapel.

Bis in die heutige Zeit gibt es eine Vielzahl von Varianten der gebackenen flachen Teige, sei es als Pizza, Pita, Focaccia, Piadina oder eben Pinsa, dennoch haben sie alle ähnliche Wurzeln. Eines macht jedoch die Pinsa einzigartig, und das ist die lange Verarbeitungszeit des Teiges und die dadurch große Bekömmlichkeit.

Es gibt also genug Gründe, sich für die noch eher unbekannte Schwester der Pizza zu begeistern – denn die Pinsa, die der Pizza vom Aussehen und Geschmack her auf den ersten Blick so ähnlich ist, will gar keine Pizza sein – sie ist anders!

WARENKUNDE

Die Zutaten – davon sind wir überzeugt – sind es, die ein Gericht zu dem machen, was es ist. Nicht die Finessen der Herstellung, nicht ein aufwendiges Vorbereiten, Würzen oder Köcheln. Nein, die Qualität und die Zusammenstellung entscheiden über das Ergebnis.

Wir führen nur einige wenige, aber unverzichtbare Grundzutaten auf – und hier muss die Qualität exzellent sein! Nehmen Sie sich die Zeit, schlendern Sie, am besten gemeinsam mit Freunden oder Familie, über Märkte, tauchen Sie ein in Großmarkthallen und Food-Courts – lassen Sie sich ein auf Gerüche und Geschmäcker, und seien Sie offen für Neues: erleben, fühlen, schmecken.

Mehl / Farina

Heutzutage gibt es sieben Haupt-Mehlsorten: Mais-, Reis-, Weizen-, Roggen-, Gersten-, Hafer- und Hirsemehl. Sorten wie Dinkel, Einkorn oder Emmer zählen aus heutiger Sicht zu den Unterarten des Weizenmehls.

Hart- vs. Weichweizenmehl:
Während in Deutschland anhand der Körnergröße zwischen Mehl und Grieß unterschieden wird (grob gemahlen, zwischen 0,3 und 1 mm, wird es als Grieß bezeichnet, fein gemahlen wird es zu Mehl, wobei das Ausgangsmaterial egal ist), differenzieren die Italiener aufgrund des Ausgangsmaterials: Wird Weichweizen vermahlen, darf sich das Ergebnis in Italien »farina« nennen, »Grano duro«, Hartweizen, wird als »Semola« bezeichnet.

Beim Semola gibt es dann Abstufungen: »Semola rimacinata« ist mehrmals gemahlen, »Semola grossa« recht grob gemahlen und fast mit Grieß gleichzusetzen. Leider wird in Deutschland »Semola« oftmals mit Grieß übersetzt, was zu einigen Verwirrungen führt. Am ehesten kann man Semola grossa mit dem hiesigen Hartweizengrieß vergleichen, wobei echter Hartweizen hierzulande aufgrund der klimatischen Bedingungen nicht wächst.

Um die Unterschiede zwischen Hart- und Weichweizen zu verstehen, hier eine kleine Gegenüberstellung:

Hartweizen – Grano duro/Semola
- sehr hoher Anteil an Klebereiweiß (Gluten)
- sorgt für eine bissfeste Struktur
- intensiv gelbe Färbung
- ideal für Pasta, Pizza, Focaccia
- benötigt warmes, sonniges Klima – häufig in Süditalien, der »Kornkammer« Italiens, vor allem in Apulien anzutreffen

Weichweizen – Grano tenero/Farina
- geringerer Gehalt an Klebereiweiß (Gluten)
- kann Stärke beim Kochen nicht so gut binden, weniger feste Strukturen
- ideal für Brot und Backwaren (z. B. Cantuccini)
- wenn für Pasta verwendet, dann mit Ei als »Kleber«
- wächst in kühlerem Klima, Anbau eher in den nördlicheren Regionen Italiens
- Einteilung in die Klassen Tipo 00, Tipo 0, Tipo 1 und Tipo 2

Für die Herstellung von Pinsateig wird entweder Reismehl oder Sojamehl verwendet.

Reismehl ist ein Mehl, das durch das sehr feine Zermahlen von Reiskörnern gewonnen wird. Von den im Handel erhältlichen Sorten Langkornreis, Mittelkornreis und Rundkornreis eignet sich der Langkornreis besonders für die Herstellung von Reismehl. Dieses ist von Natur aus glutenfrei, weswegen es in den letzten Jahren auch den Weg aus der asiatischen Küche zu uns in die westlichen Länder gefunden hat. Bekannt ist es zum Beispiel von den asiatischen Mochis – den kleinen Küchlein aus Klebreis –, bei uns wird es in der Küche aber auch oft als Bindemittel eingesetzt. Reismehl enthält keinerlei Klebereiweiß und wird in der Pinsa verwendet, um für die lockere Konsistenz des Teiges zu sorgen.

Sojamehl entsteht eher als Nebenprodukt bei der Verarbeitung von Sojabohnen. Es wird in unseren Breitengraden immer bekannter, da es aufgrund seines hohes Proteingehalts von 50–60 Prozent für eine gesunde Ernährung deutlich wertvoller ist als die tierischen Proteinquellen, denn pflanzliche Eiweiße können per se vom Körper besser verwertet werden als tierische. Natürlich enthält auch Sojamehl keinerlei Gluten. In der Pinsa verwenden wir es, weil es dem Teig Bindung und »Fluffigkeit« gibt, ohne ihn schwer zu machen.

Wer allergisch auf Soja reagiert, kann für seine Pinsa auch Kichererbsenmehl verwenden, das durch das Mahlen von geschälten Kichererbsensamen entsteht. Das glutenfreie, blassgelbe Mehl ist von hoher Dichte, fühlt sich dabei sogar fast ein wenig »klebrig« an, sobald es mit Flüssigkeit in Kontakt kommt – hierdurch ist es ein ganz wundervolles Bindemittel. Es hat im Vergleich zu Vollkornmehl weniger Kalorien oder Kohlenhydrate, enthält dafür jedoch deutlich mehr Proteine.

Käse

Fior di Latte
Der absolute König unter den Mozzarellasorten. Der Fior di Latte darf nach der Herstellung ordentlich abtrocknen und wird nicht in Lake gelagert. Er enthält dadurch weniger Wasser, was für die perfekte Pinsa von Vorteil ist. Hierbei ist allerdings der Schnitt entscheidend, Profis sprechen hier von Julienne: Der Fior di Latte wird halbiert und anschließend in 3–4 mm breite Streifen geschnitten. Das stellt sicher, dass er beim Backen die Pinsa nicht »verwässert« und diese trotzdem nicht austrocknet.

Büffelmozzarella
Hergestellt aus der Milch von Wasserbüffeln. Der intensive Geschmack und die feine Konsistenz machen ihn zu einer Delikatesse – die allerdings von tierschutzrechtlicher Seite aufgrund der Haltungsbedingungen der Tiere ziemlich umstritten ist.

Pecorino
Pecorino ist im Grunde ein Oberbegriff für diverse Käse, die aus Schafsmilch hergestellt werden. Heute gibt es ihn aber auch in deutlich günstigeren Kuhmilch-Varianten. Er ist ein Rohmilchkäse, der frisch, mittelreif oder durchgereift sein kann – je gereifter und somit älter der Pecorino, desto intensiver und pikanter sein Geschmack. In den einzelnen Regionen, in denen er hergestellt wird, gibt es viele verschiedene Sorten – hier gilt es, sich ein wenig durchzuprobieren.

Ricotta
Ricotta ist sozusagen ein Abfallprodukt bei der Produktion von Hartkäse, vor allem von Pecorino, denn die hier übrig gebliebene Molke wird für den Ricotta ein zweites Mal erhitzt. Vergleichbar ist der Ricotta am ehesten mit Frischkäse, er ist fettarm und mineralstoffreich. Es gibt ihn in vielen verschiedenen Varianten – von frisch, über luftgetrocknet, geräuchert, aus Ziegen-, Büffel-, Schafs- oder Kuhmilch. Er kann sowohl in Teigen als auch für Saucen oder Desserts eingesetzt werden.

Burrata
Die Burrata ist ein Weichkäse, der nach dem Filata-Prinzip hergestellt wird. Hierbei wird der Käsebruch gesäuert, abgebrüht und zu langen Fäden ausgezogen. Der Begriff »Filata« kommt vom italienischen Formaggio a pasta filata, was so viel heißt wie »Käse aus gesponnenem Teig«. Besonders auffällig an der Burrata ist der dickflüssige Kern aus einer Sahne-Frischkäse-Masse. Burrata wird zumeist aus Kuhmilch hergestellt (wobei es auch Büffelburrata gibt) und enthält 44–60 Prozent Fett. Sie kann toll als komplette Kugel serviert werden, die erst zum eigentlichen Verzehr aufgeschnitten wird und dann so wunderbar »ausläuft« ...

Parmesan
Parmesan, auf Italienisch Parmigiano/Parmigiano Reggiano, ist wohl die bekannteste aller italienischen Hartkäsesorten. Dieser aus Kuhmilch hergestellte Extrahartkäse mit mindestens 32 Prozent Fett eignet sich besonders gut zum Reiben.

Ein originaler Parmesan muss aus den Regionen Parma, Reggio Emilia, Modena, Bologna westlich des Reno oder Mantua östlich des Po stammen. Der Name ist strikt geschützt, und selbst eine Abwandlung, wie sie zum Beispiel die Firma Mirácoli mit ihrem »Pamesello« verwendet hat, ist untersagt. Der rezente Italiener blickt aber auch auf eine fast achthundertjährige Geschichte zurück – und bei einer Mindestreifezeit von zwölf Monaten, dem aufwendigen Einsatz von Salzlake und dem regelmäßigen Wenden darf man schon mal ein wenig empfindlich sein, was die Verwendung des eigenen Namens angeht.

Oftmals wird im gleichen Atemzug wie Parmesan von Grana Padano gesprochen – allerdings ist vielen nicht klar, dass das durchaus nicht dasselbe ist. Der Grana Padano ist auch ein Hartkäse, hat aber einen niedrigeren Fettgehalt (etwa 8 Prozent), ist deutlich körniger in seiner Struktur (Grana = körnig), hat eine kurze Reifezeit und stammt aus den Regionen rund um den Po sowie dessen Nebenfluss Reno. Während der Parmigiano nur während der Weideperiode hergestellt wird, wird der Grana Padano ganzjährig produziert.

FORMAGGI
Roma 1956

Le nostre ROSSE
MARINARA
4,00€
POMODORO, AGLIO, PEPERONCINO, PREZZEMOLO
TOMATO, GARLIC, CHILI PEPPER, PARSLEY
MARGHERITA
4,50€
POMODORO, MOZZARELLA
TOMATO, MOZZARELLA CHEESE
MARGHERITA FUNGHI e SALSICCIA
5,50€
POMODORO, MOZZARELLA, FUNGHI CHAMPIGNON, SALSICCIA, PREZZEMOLO
TOMATO, MOZZARELLA CHEESE, CHAMPIGNON, SAUSAGE, PARSLEY
MARGHERITA e CRUDO
4,90€
POMODORO, MOZZARELLA, PROSCIUTTO CRUDO, BASILICO
TOMATO, MOZZARELLA CHEESE, HAM, BASIL
PARMIGIANA
5,50
POMODORO, MOZZARELLA, MELANZANE, PARMIGIANO, PREZZEMOLO, BASILICO
TOMATO, MOZZARELLA CHEESE, EGG PLANT, PARMESAN, PARSLEY, BASIL
DIAVOLA
4,90€
POMODORO, MOZZARELLA, SALAME PICCANTE, BASILICO
TOMATO, MOZZARELLA CHEESE, SPICY SALAMI, BASIL
AMATRICIANA
4,90€
WOOD
PACHINO, MOZZARE
CHERRY TOMATO, BU
BUFALA
PACHINO, MOZZAREL
CHERRY TOMATO, BUFF
FIORI DI
FIORI DI ZUCCA, MOZ
ZUCCHINI FLOWERS, MO
FIORI DI
FIORI DI ZUCCA, MOZZARELL
ZUCCHINI FLOWERS, MOZZAREL
FIORI DI
FIORI DI ZUCCA, MOZZAREL
ZUCCHINI FLOWERS, MOZZARE
BROCC
BROCCOLI, MOZZARE
BROCCOLI, MOZZAREL
PATAT
PATATE, MOZZARELLA

REZEPTE

BIANCHE
A e PACHINO
BUFALA, PESTO GENOVESE, BASILICO
BUFALA, PESTO GENOVESE, BASIL
MOZZARELLA, PESTO SAUCE, BASIL
4,90€
HINO e CHIODINI
BUFALA, FUNGHI CHIODINI, BASILICO
MOZZARELLA, CHIODINI MUSHROOMS, BASIL
5,90€
CCA e ALICI
A, PACHINO, ALICI, BUFALA, PREZZEMOLO
CHEESE, CHERRY TOMATO, ANCHOVIES, BUFFALO CHEESE, PARSLEY
5,90€
UCCA e SALMONE
E, SALMONE, MOUSSE DI FORMAGGI, SEMI DI PAPAVERO
, ZUCCHINI, SALMON, CHEESE MOUSSE, BLUE POPPY SEEDS
5,90€
CA e PORCINI
HI PORCINI, BUFALA, PREZZEMOLO
, PORCINI MUSHROOMS, BUFFALO CHEESE, PARSLEY
4,90€
e SALSICCIA
SALSICCIA, PECORINO
, SAUSAGE, PECORINO CHEESE
4,90€
e PANCETTA
A, ROSMARINO
DBOX CC
Best
LE CO.

TEIG

Sauerteig

Ein Wort, das aktuell in aller Munde ist, als wäre es der neu gefundene Stein der Weisen. Dabei ist Sauerteig im Grunde die Basis eines jeden guten Teiges, seit der Antike bekannt und fester Bestandteil jeder guten Backstube und damit kein bisschen magisch. Aber: Er benötigt Zeit und Vorbereitung und sehr viel Aufwand.

Alle Rezepte in diesem Buch können wahlweise mit einem selbst angesetzten Sauerteig oder mit fertigem Sauerteig aus dem Handel (frischer, kein getrockneter Sauerteig) hergestellt werden.

Manch einem wird aus Schulzeiten noch der in den 1980er-Jahren bekannte »Hermann«-Teig ein Begriff sein – ein Sauerteig-Starter, der vermehrt wurde und den man klassisch von Freunden und Bekannten geschenkt bekam, zusammen mit einem »Hermann«-Brief, einer Art Kettenbrief, der Instruktionen zur weiteren Pflege und Weitergabe des Teiges enthielt. In den USA kannte man als Pendant dazu das Amish Friendship Bread.

Für all diejenigen, die sich ihren eigenen Sauerteig ansetzen möchten – was im besten Fall nur einmal im Laufe der eigenen Bäckerkarriere geschehen muss –, hier ein Rezept in allen Stufen:

Sauerteig-Starter

Anstellgut für Sauerteig:
60 g Mehl (der gewünschten Getreidesorte – Weizen, Roggen oder Dinkel. Die einzelnen Starter unterscheiden sich natürlich in Konsistenz und Farbe, funktionieren aber alle.)
60 ml Wasser

Tag 1: Am Morgen des ersten Tages 20 g Mehl und 20 ml Wasser in einem Glas (ein durchsichtiges Glas ist, schon allein um den Fermentationsprozess bewundern zu können, ein absolutes Muss) verrühren und zugedeckt (jedoch nicht luftdicht verschlossen) bei gleichmäßiger Raumtemperatur stehen lassen. Am Abend einmal ordentlich von Hand durchrühren und wieder zugedeckt stehen lassen.

Tag 2: Am Morgen des zweiten Tages 20 g Mehl und 20 ml Wasser hinzugeben und verrühren. Weiterhin zugedeckt (jedoch nicht luftdicht verschlossen) bei gleichmäßiger Raumtemperatur stehen lassen. Am Abend einmal ordentlich von Hand durchrühren und wieder zugedeckt stehen lassen.

Tag 3: Am Morgen des dritten Tages 20 g Mehl und 20 ml Wasser hinzugeben und verrühren. Weiterhin zugedeckt (jedoch nicht luftdicht verschlossen) bei gleichmäßiger Raumtemperatur stehen lassen. Am Abend einmal ordentlich von Hand durchrühren und wieder zugedeckt stehen lassen.

Im Laufe der Tage kann man den Fermentationsprozess genau beobachten und zuschauen, wie sich Bläschen bilden, sich der Geruch verändert.

Warum eigentlich Sauerteig?
Im Grunde ist der Sauerteig eine Art Vorteig. Während das Gemisch aus Wasser und Mehl bei Raumtemperatur sich selbst überlassen wird, gären die enthaltenen Milchsäurebakterien und wilden Hefen. Die entstehenden Mikroorganismen bauen die enthaltenen Mehrfachzucker ab, bilden Kohlendioxide, Essig- und Milchsäure sowie Alkohol (keine Sorge, die entstehende Menge Alkohol sorgt nur für wunderbare Aromen, nicht für den nächsten Rausch. Er verfliegt während des Backprozesses.). Die Milchsäure sorgt dafür, dass das Mehl backfähiger wird, die Essigsäure ist verantwortlich für den typischen Sauerteig-Geschmack und -Geruch. Das Kohlendioxid ist verantwortlich dafür, dass der Teig schön fluffig aufgeht und locker wird, dass er gut verdaulich und sauber durchgebacken ist.

Klingt nach Chemieunterricht neunte Klasse? Ist es im Grunde auch – ein Sauerteig lebt, und das soll er auch unbedingt, denn genau dieses Lebendige ist es, was einen guten Teig von einem industriell gefertigten unterscheidet.

Wenn man nun mit dem eigenen Sauerteig einen Teig herstellen möchte, nimmt man 30 g des Anstellgutes, mischt es mit 240 g Mehl und 240 ml Wasser, und schon hat man seinen fertigen Sauerteig.

Den Rest des Anstellgutes mischt man mit 50 g Mehl und 50 ml Wasser von Hand durch, füllt 3–4 Esslöffel dieser Mischung in ein neues Glas und stellt es in den Kühlschrank. Füttert und pflegt man seinen Sauerteig in dieser Form einmal pro Woche, kann er viele Jahrzehnte alt werden.

Pinsateig

400 g Pizzamehl 00 (alternativ Dinkelmehl)
75 g Reismehl (alternativ Basmatireis)
25 g Sojamehl
5 g Frischhefe (oder 3 g Hefe + 25 g Sauerteig)
360 ml Wasser
10 g Salz
13 ml Olivenöl
Grieß zum Formen (alternativ Hartweizen- oder Reisgrieß)
Öl für die Schüssel

Thermomix:
Alle Mehlsorten in den Mixtopf geben. Wer sein Reismehl selbst herstellen möchte, gibt den Basmatireis in den Mixtopf und zermahlt ihn zweimal auf Stufe 10, jeweils etwa 10 Sekunden.

Anschließend Hefe (oder Hefe + Sauerteig) in den Mixtopf geben, 100 ml Wasser hinzufügen und 2 Minuten/37 Grad/Stufe 2 auflösen.

Dann das restliche Wasser sowie das Salz und das Olivenöl zugeben und alles 3 Minuten/Teigstufe kneten. Den Teig aus dem Mixtopf nehmen und im Kühlschrank mindestens einen Tag langsam aufgehen lassen. (Der Teig kann leicht bis zu 72 Stunden aufgehoben werden.)

Küchenmaschine (z. B. Kenwood):
Alle Mehlsorten, die Hefe (oder Hefe+Sauerteig) und das Wasser auf kleinster Stufe vermischen (CC min). Anschließend 10 Minuten auf höchster Stufe (CC 1) kneten. Nach 7 Minuten das Salz zugeben, nach 8 Minuten das Olivenöl langsam einlaufen lassen. Den Teig in eine geölte Schüssel geben und 48–72 Stunden kühl stellen.

Natürlich kann man auch ein herkömmliches Handrührgerät verwenden, doch erfordert dies ein wenig Geschick (oder mindestens eine helfende Hand mehr), da man gleichzeitig das Öl zugeben und den Teig rühren muss.

Nach frühestens 24 Stunden den Teig aus dem Kühlschrank nehmen und in vier gleich große Portionen teilen. Jede Kugel etwa zehnmal von außen nach innen falten. Anschließend die Kugeln etwa 2 Stunden bei Raumtemperatur abgedeckt stehen lassen.

Den Backofen auf mindestens 250 Grad Ober-/Unterhitze vorheizen. Wer über einen stärkeren Backofen verfügt, gerne bis 300 Grad. Auch ein vorgeheizter Pizzastein wäre gut; wer keinen solchen besitzt, kann als Alternative auch ein Backblech umdrehen und mit vorheizen.

Zum Ausformen der Pinsa die Arbeitsfläche reichlich mit Grieß, Hartweizen- oder Reisgrieß/Spolvero ausstreuen. Die Teigkugeln ganz leicht in Form bringen (dabei den Teig niemals auseinanderziehen, da ansonsten die Bindung zerstört wird und der Teig nicht mehr aufgeht). Und nun geht es ans Formen der Pinsa, und es wird klar, woher die Pinsa ihren Namen hat (Lateinisch »pinsere« = drücken). Denn im Gegensatz zur Pizza kann man Pinsateig nicht ausrollen oder -ziehen, sondern muss ihn in Form drücken.

Am unteren Ende der Kugel beginnend, drückt man den Teig mit den Fingerspitzen (lange Nägel sind übrigens nicht zu empfehlen) Stück für Stück in Form – jetzt wird auch klar, warum eine Pinsa oval und eben nicht rund ist.

Ist der Pinsa-Boden schön gleichmäßig dick ausgeformt, kann man ihn nach Wunsch belegen oder man kann den reinen Boden backen.

TIPP Da die Herstellung des Teiges sehr aufwendig ist, empfiehlt es sich, mehr Teig anzusetzen und die Böden auf Vorrat zu produzieren. Dazu einfach wie oben beschrieben die Böden herstellen, im vorgeheizten Backofen etwa 3 Minuten vorbacken und anschließend einfrieren. So halten sie etwa ein Jahr und sind ganz unkompliziert jederzeit einsatzbereit. Bei Bedarf nimmt man die Böden aus der Tiefkühltruhe, lässt sie antauen, besprüht sie mit Wasser und belegt sie dann nach Wunsch.

SAUCEN

Tomatensauce

Es handelt sich nicht um ein richtiges Rezept, sondern vielmehr um eine Einkaufsempfehlung. Wir nutzen als Tomatensauce dickflüssigere Tomatenpulpe oder stückige, gehackte Tomaten, manchmal auch unter der Bezeichnung »Passata Rustica« im Supermarkt erhältlich. Dabei handelt es sich um grob passierte Tomaten. Pro 100 ml geben wir eine Messerspitze Salz dazu, um den Geschmack zu verstärken.

Stark passierte Tomaten (meistens im kleinen Tetrapak angeboten) eignen sich nicht so gut, da diese flüssiger sind, dadurch schneller in den Pinsa-Boden einziehen und ihn matschig werden lassen.

Béchamelsauce

Die Béchamelsauce gibt es bereits seit Jahrhunderten, doch ist ihr Ursprung ungeklärt, denn gleich zwei Nationen und mehrere Personen beanspruchen die Erfindung der weißen Sauce für sich. Traditionell aus Milch, Butter und Mehl hergestellt, ist die Béchamelsauce neben Hollandaise, Velouté, Espagnole und Tomate eine der fünf Grundsaucen der französischen Küche. Die Sauce wird mit einer Mehlschwitze angedickt und kann durch die Zugabe von verschiedenen Gewürzen oder anderen Zutaten vielfältig abgewandelt werden.

30 g Butter oder pflanzlicher Butterersatz
30 g Weizenmehl
450 ml Milch oder ungesüßte Sojamilch
1 Msp. Salz
1 TL Pfeffer aus der Mühle
1 Msp. geriebene Muskatnuss

Die Butter bei mittlerer Hitze in einem Topf schmelzen, dann mit dem Mehl bestäuben und unter ständigem Rühren 2–3 Minuten anschwitzen, aber nicht bräunen. Die Milch nach und nach unter kräftigem Rühren mit dem Schneebesen in die Mehlschwitze gießen. Alles langsam und unter regelmäßigem Rühren – damit sich keine Klümpchen bilden – bei mittlerer Hitze 7–10 Minuten köcheln, bis die Sauce eine cremige Konsistenz hat.

Vom Feuer nehmen und mit Salz, Pfeffer und Muskat würzen. Falls sich doch Klümpchen gebildet haben, die Sauce durch ein feines Haarsieb gießen und anschließend kurz mit dem Pürierstab kräftig durchmixen.

In ein Schraubglas abgefüllt, hält sich die Béchamel problemlos ein paar Tage im Kühlschrank. Für die Weiterverarbeitung dann nur kurz erwärmen und bei Bedarf mit einem Schuss Milch verdünnen.

TIPP Wenn die Béchamel zu dickflüssig ist, etwas mehr Milch in die Mehlschwitze geben.

WISSENSWERTES So vielfältig wie die Einsatzmöglichkeiten der weißen Sauce sind auch die Geschichten rund um ihre Entstehung. So besagt zum Beispiel eine Theorie, dass François-Pierre de la Varenne, der Küchenchef des französischen Königs Ludwig XIV., das Rezept erfunden hat. Er soll die Sauce nach dem wohlhabenden Bankier und Hofmeister Marquis Louis de Béchamel benannt haben, der eine besondere Vorliebe für sie hatte. Eine andere Theorie geht davon aus, dass die Köchin der in Italien geborenen Prinzessin Caterina de' Medici das Rezept für die Hochzeit der Prinzessin mit dem französischen König Heinrich II. an den französischen Königshof mitgebracht hat. Eine dritte Theorie schreibt das Rezept dem französischen Adligen Philippe Duplessis-Mornay zu, einem reformierten Theologen und Staatsmann, der auch als »Erfinder« anderer Saucen wie der Sauce Mornay gilt, einer weißen Sauce, die mit Butter und Parmesan verfeinert wird.

Käse-Béchamel

1 Portion Béchamelsauce (Rezept Seite 20)
2 EL Sahne oder vegane Sahne
80 g Emmentaler oder Greyerzer (oder vegane Alternative), gerieben
30 g kalte Butter oder Pflanzenmargarine, in Flöckchen
1 Msp. Cayennepfeffer

Die Béchamelsauce wie im Grundrezept angegeben fertigstellen. Dann kurz aufkochen lassen und dabei die Sahne einrühren. Den Topf vom Feuer nehmen. Unter ständigem Rühren mit dem Schneebesen den geriebenen Käse einstreuen. Zum Schluss die kalte Butter in Flöckchen dazugeben und die Sauce mit dem Cayennepfeffer abschmecken.

Tomaten-Salsa

Salsa – das spanische Wort für »Sauce« – ist hier eine klassische lateinamerikanische Tomaten-Salsa, möglichst authentisch, aber gleichzeitig auch in ihrer Schärfe und bei den Gewürzen je nach Geschmack leicht abzuwandeln.

6 reife Romatomaten
½ Zwiebel
1 Knoblauchzehe
½ Jalapeño-Chili (nach Belieben ohne Kerne, wenn man es ein wenig milder mag)
1 EL Olivenöl
1 Bund Koriander, grob gehackt
je ¼ TL Salz und Pfeffer aus der Mühle

Tomaten, Zwiebel, Knoblauch und Chili mit dem Pürierstab nur grob zerkleinern. In einer Pfanne im Olivenöl bei mittlerer Hitze anschwitzen und langsam zum Kochen bringen. Vom Feuer nehmen und mit dem grob gehackten Koriander vermengen. Die Salsa mit Salz und Pfeffer würzen. In einem Schraubglas im Kühlschrank aufbewahrt, hält sich die Salsa einige Tage.

TIPP Salsas mit ihrer unglaublichen Vielfalt sind nicht aufwendig oder kompliziert in der Zubereitung, lassen sich einfach transportieren und schmecken unter freiem Himmel fast noch besser. Als Basis für unsere knusprigen Pinsas eignen sie sich daher besonders gut.

Mexikanische Salsa (Pico de Gallo)

Was in Deutschland die Currysauce zu Wurst ist, ist die Salsa in Mexiko: DER Begleiter zu Tacos und vielen anderen Gerichten. Es gibt sie in vielen Varianten, von mild bis scharf und auch gekocht oder püriert. Am beliebtesten ist jedoch die Pico de Gallo (»Hahnenschnabel«) Salsa – die grob gehackte Version, die an keinem Taco-Stand in den Straßen Mexikos fehlen darf.

5 große Tomaten – achtet hier auf beste Qualität
1 große weiße Zwiebel
1 Knoblauchzehe
1 grüne Chilischote
Saft einer Limette
4 EL frisches Korianderblatt
Je 1 Prise Salz und schwarzen Pfeffer

Die Tomaten entkernen und in feine Würfel schneiden. Die Zwiebel schälen und in sehr feine Würfel schneiden und dann die Knoblauchzehe schälen und fein hacken. Die Chili längs aufschneiden, entkernen und in sehr feine dünne Streifen schneiden. Alle Zutaten in einer Schale gut vermischen und mit dem Saft der Limette vermengen – mit Pfeffer abschmecken.

Zum Schluss erst das Koriandergrün grob schneiden und unter die Salsa heben – dadurch schmeckt man das Aroma besonders gut heraus.

Um zu vermeiden, dass die Salsa zu viel Feuchtigkeit entwickelt, erst kurz vor dem Belegen der Pinsa salzen.

Steinpilz-Walnuss-Pesto

80 g Walnusskerne
25 g getrocknete Steinpilze
60 g Parmesan, am Stück
1 kleine Schalotte
1 Knoblauchzehe
150 ml bestes natives Olivenöl
3 EL Majoran, frisch abgezupft oder gerebelt
1 TL Zitronensaft
½ TL Salz
Pfeffer aus der Mühle
½ TL Cayennepfeffer
glatte Petersilie zum Garnieren, frisch gehackt

Die Walnüsse auf ein Backblech geben und im auf 140 Grad Ober-/Unterhitze vorgeheizten Backofen 12 Minuten rösten. Dann vollständig abkühlen lassen.

Die getrockneten Steinpilze gründlich abbrausen. Danach 30 Minuten in 200 ml warmem Wasser einweichen. Herausnehmen und auf einem Küchenpapier erkalten lassen, das Einweichwasser aufheben. Die Pilze anschließend sehr fein hacken und in eine Schüssel umfüllen.

In der Zwischenzeit die gerösteten Walnüsse hacken und den Käse fein reiben. Die Schalotte und den Knoblauch fein hacken und in 1 Esslöffel Öl anschwitzen, die Steinpilze mit 100 ml Einweichwasser dazugeben und 5 Minuten leicht köcheln lassen.

Dann die Pilzmischung mit allen restlichen Zutaten grob pürieren und mit Salz, Pfeffer und Cayennepfeffer abschmecken. Hier dürfen ruhig noch kleine Stücke erkennbar sein – das verleiht dem Pesto ein bisschen mehr Biss. Mit frisch gehackter glatter Petersilie garnieren.

TIPP Beim Einkaufen der getrockneten Pilze sollte man sich nicht von den kleinen Tüten irritieren lassen: 25 Gramm getrocknete Pilze entsprechen 250 Gramm frischen Steinpilzen.

Salat-Vinaigrette

Wir haben uns hier für die Zitronen-Essig-Kräuter-Vinaigrette entschieden, um noch mehr Frische in den Salat zu bringen.

1 EL Essig
4 EL Öl nach Wahl
2 EL Wasser
1 unbehandelte Zitrone, 1 EL Saft und
1 Msp. fein abgeriebene Schale
2 EL Kräuter, frisch gehackt
(z. B. Schnittlauch, Petersilie…)
2 TL brauner Zucker
1 kleine Zwiebel, fein gewürfelt
Salz, Pfeffer aus der Mühle

Essig, Öl, Wasser, Zitronensaft und -schale, Kräuter und Zucker am besten mit dem Pürierstab kräftig durchmixen und erst danach die Zwiebel mit dem Schneebesen unterheben. So entsteht eine homogene Flüssigkeit, die sich dann gut mit dem Salat vermischt. Mit Salz und Pfeffer abschmecken.

TIPP Damit die Vinaigrette nicht zu dominant sauer wird, empfehlen wir eher milde Essigsorten wie Apfelessig. Diesem werden übrigens auch noch gesundheitsfördernde Eigenschaften nachgesagt; er wirkt antibakteriell und soll außerdem den Körper bei der Entschlackung und Entgiftung unterstützen. Apfelessig enthält zudem viele Mineralien, beispielsweise reichlich Kalium.

Basilikum-Pesto

25 g Pinienkerne
2 Knoblauchzehen, grob gehackt
1 Prise Meersalz
3 Bund Basilikum, Blättchen abgezupft
80 g Parmesan
125 ml bestes Olivenöl
1 Prise Pfeffer aus der Mühle, nach Belieben

Die Pinienkerne ohne Zugabe von Fett in einer Pfanne kurz anrösten. Die noch lauwarmen Pinienkerne und den Knoblauch in einem Mörser zerstoßen, bis eine sämige Creme entsteht. Alternativ kann man auch einen Pürierstab oder Mixer auf kleiner Stufe nutzen.

Das Salz und die Basilikumblätter dazugeben und ebenfalls zerkleinern. Nun den Parmesan grob reiben oder im Mörser grob zerstoßen und zugeben. Dann das Olivenöl hinzufügen und alles nochmals gut verrühren beziehungsweise zerstoßen, sodass ein cremiges Pesto entsteht.

Das fertige Pesto nach Belieben mit Salz und eventuell etwas Pfeffer abschmecken.

Mit Olivenöl bedeckt, hält sich das Basilikum-Pesto einige Tage sehr gut im Kühlschrank.

Bolognese-Sauce

1 mittelgroße Zwiebel
1 Knoblauchzehe
500 g Rinderhackfleisch
3 EL bestes Olivenöl
1 EL Tomatenmark
100 ml Rotwein (alternativ Rinderbrühe)
400 g stückige Tomaten aus der Dose
je 2 TL Oregano, Majoran, edelsüßes Paprikapulver
1 TL Gemüsebrühepulver (wenn statt Rotwein Rinderbrühe verwendet wurde, dieses weglassen)
Pfeffer aus der Mühle
2 TL Zucker
Salz

Die Zwiebel und den Knoblauch in kleine Würfel schneiden. Das Hackfleisch im heißen Öl anbraten, bis es krümelig wird, dann den Knoblauch und die Zwiebel dazugeben und 2 Minuten mitbraten lassen. Das Tomatenmark zufügen und alles 1 Minute anrösten.

Mit dem Rotwein oder der Rinderbrühe ablöschen und 3 Minuten bei mittlerer Flamme einkochen lassen. Die Tomaten und die Gewürze dazugeben und bei kleiner Hitze und geschlossenem Deckel mindestens 30 Minuten köcheln lassen.

Zum Schluss mit Pfeffer und Zucker abschmecken, Salz nur vorsichtig verwenden. Die Sauce sollte dickflüssig sein, damit sie auf der Pinsa den Boden nicht durchweicht.

DIPS

Basis-Dip

250 g Frischkäse
200 g Schmand oder Crème fraîche
125 g Magerquark
je 1 Prise Salz und Pfeffer aus der Mühle

Alle gut gekühlten Zutaten kräftig miteinander verrühren, sie dienen als Basis für die weiteren Zutaten, die dem Dip dann die gewünschte Geschmacksrichtung geben. Natürlich kann man die obigen Zutaten gut durch die veganen Alternativen ersetzen – hier dann bitte auf die Konsistenz des Basis-Dips achten, da die veganen Produkte oftmals eine andere Cremigkeit aufweisen.

Nachfolgend unsere Empfehlungen für die geschmacksgebenden Zutaten: einfach nach Fertigstellung des Basis-Dips mit einrühren und nochmals gut vermengen. Die folgenden Rezepte beziehen sich auf jeweils 100 g Grund-Dip:

Knoblauch-Dip

1–2 Knoblauchzehen, sehr fein gehackt

Kräuter-Dip

2 EL gemischte Kräuter nach Wahl, ohne Stiele sehr fein gehackt

Honig-Senf-Dip

1 TL Honig
2 TL mittelscharfer Senf

Bananen-Curry-Dip

½ reife Banane, gut zerdrückt
1 TL Currypulver
1 TL Zitronensaft

Tomate-Basilikum-Dip

1 EL Tomatenmark
1 EL frisches Basilikum, sehr fein gehackt
1 Knoblauchzehe, sehr fein gehackt

Lachs-Dip

100 g Räucherlachs, in feine Streifen geschnitten
1 EL Dill, ohne Stiele fein gehackt
1 TL Zitronensaft
1 Prise Zucker

BBQ-Dip

1 EL Ketchup
½ TL geräuchertes Paprikapulver
½ TL Worcestersauce
1 Prise gemahlener Kümmel
2 Spritzer Tabasco

Preiselbeer-Dip

2 EL Preiselbeeren aus dem Glas
wenig rosa Pfefferbeeren, frisch gemahlen

Meerrettich-Dip

2 TL Tafelmeerrettich

Spanischer Tomaten-Dip

350 g reife Tomaten
2 Knoblauchzehen
2 Scheiben Toastbrot ohne Rinde, klein gewürfelt
50 ml Olivenöl
1 Prise grobes Meersalz
½ TL schwarzer Pfeffer aus der Mühle
1 TL edelsüßes Paprikapulver

Die Tomaten grob hacken. Dann mit dem Knoblauch pürieren und durch ein Sieb streichen, damit die Kerne und Schalen entfernt werden. Das Püree mit dem klein gewürfelten Toastbrot und dem Olivenöl gut vermengen und 5 Minuten stehen lassen. Anschließend mit Salz, Pfeffer und Paprika würzen und nochmals pürieren oder sehr gründlich vermengen.

TIPP Wer es gern schärfer mag, kann mit Chili oder Rosenpaprika nachwürzen.

Kräuter-Dip
Meerrettich-Dip
BBQ-Dip

Lachs-Dip
Tomate-Basilikum-Dip
Bananen-Curry-Dip
Honig-Senf-Dip

Guacamole

1 mittelgroße Tomate
½ rote Zwiebel
1 EL Limettensaft
1 Prise Meersalz
½ TL Pfeffer aus der Mühle
1 kleine Chili, entkernt und fein gehackt, nach Belieben
2 reife Avocados
1 EL Koriander, frisch gehackt

Die Tomate und die Zwiebel klein würfeln und mit dem Limettensaft vermengen. Mit Salz, Pfeffer und nach Belieben mit Chili würzen.
Die Avocados entkernen und das Fruchtfleisch aus der Schale lösen, in kleine Würfel schneiden und mit dem Koriander zur Tomatenmasse geben und sanft unterheben.

TIPPS Die Guacamole am besten erst kurz vor dem Servieren zubereiten, damit sie sich nicht braun verfärbt. Ansonsten füllt man sie in ein verschließbares Gefäß um, gibt den Avocadokern mit in die Masse und bewahrt sie möglichst luftdicht im Kühlschrank auf – das verhindert die unschöne Braunfärbung.

Den perfekten Reifegrad einer Avocado kann man am besten erkennen, wenn man den kleinen, knubbeligen Stiel auf der Oberseite der Avocado herauszieht. Ist die Avocado reif, lässt er sich ganz leicht entfernen. Entscheidend für eine Beurteilung ist auch die Farbe unter dem Stiel: Leuchtet die kleine Öffnung grün, ist die Avocado noch unreif, gelblich bedeutet perfekt essreif. Sollte die Farbe braun oder gar schimmelig sein, ist die Avocado schon überreif.

Chipotle-Dip

Dieser mexikanisch inspirierte Dip (die Chipotle ist eine geräucherte Jalapeño-Chili) ist ein Muss für all jene, die es gerne scharf mögen. Cremig und feurig zugleich, ist er herrlich zu warmer Pinsa.

2 Knoblauchzehen
1 kleine Zwiebel
3 Chipotle-Chilischoten (in der Dose als »Chipotle in Adobo-Sauce« zu kaufen oder online)
1 EL bestes natives Olivenöl
400 ml Salatmayonnaise
2 EL Zitronensaft
2 TL Dijon-Senf
2 TL geräuchertes Paprikapulver
2 TL Honig
Salz nach Belieben

Den Knoblauch, die Zwiebel und die Chipotle-Schoten sehr fein hacken. Im erhitzten Olivenöl kurz anbraten, dann erkalten lassen. Danach mit allen restlichen Zutaten vermengen und mit dem Pürierstab zu einer Creme verarbeiten. Nochmals abschmecken und kühl lagern.

Trüffel-Dip

Dieser Dip auf Mayonnaise-Basis ist leicht herzustellen und ein Genuss sowohl zum Dippen als auch als dünner Aufstrich auf der Pinsa.

3 frische Eigelb
1 Prise Salz
1 EL Zitronensaft
175 ml Sonnenblumenöl
25 ml Trüffelöl
1 Prise Pfeffer aus der Mühle
2 TL scharfer Senf

Die Eigelbe zusammen mit dem Salz und dem Zitronensaft in einem hohen Rührbecher mit dem Schneebesen oder dem Handrührgerät auf kleinster Stufe schaumig rühren, bis die Masse weißlich wird. Weiter unter ständigem Rühren die beiden Öle tropfenweise zur Masse hinzugeben. Sobald die Masse anfängt zu emulgieren, weiterrühren, bis das ganze Öl aufgebraucht ist. Anschließend mit dem Pfeffer und dem Senf abschmecken.

WISSENSWERTES Die Mayonnaise ist eine klassische kalte Grundsauce. Sie wird auch als Fett-Ei-Emulsion bezeichnet – eine gleichmäßige Vermischung von Eigelb, Pflanzenöl, Zitronensaft oder Essig, Senf und Salz. Der Senf wirkt dabei als Bindemittel, als »Emulgator«. Durch das intensive Rühren verbinden sich die Zutaten zu einer cremigen Sauce Mayonnaise.

TIPP Wer die Mayonnaise nicht selbst herstellen mag, kann auch auf eine fertige Mayonnaise zurückgreifen und vermengt diese mit 25 Gramm der »PINSAleicht Trüffelsauce« online zu bestellen unter: www.pinsa-buch.de.

TOPPINGS

Paprika-Topping

1 große Zwiebel
1 Knoblauchzehe
2 rote Paprikaschoten
3 EL Olivenöl
2 EL Mehl
300 ml Gemüsebrühe
3 TL mildes Paprikapulver
½ TL Rosenpaprika
2 EL Tomatenmark
Salz, Pfeffer aus der Mühle
1 EL Zucker
100 g Sauerrahm, Crème fraîche oder vegane Crème fraîche

Die Zwiebel und den Knoblauch klein schneiden, die Paprika entkernen und würfeln. Alles im heißen Öl anrösten. Das Mehl dazugeben, kurz Farbe nehmen lassen und mit der Brühe aufgießen. Mit einem Schneebesen gut durchrühren. Paprikapulver, Tomatenmark, Salz, Pfeffer und Zucker beigeben und alles etwa 8 Minuten köcheln lassen.

Den Sauerrahm oder die Crème fraîche mit dem Schneebesen einrühren, eventuell nochmals abschmecken und alles mit dem Stabmixer oder im Küchenmixer zu einer glatten homogenen Creme pürieren. Die Sauce erkalten lassen und umfüllen.

Rote-Bete-Topping

1 mittelgroße Zwiebel
1 gehäufter EL Butterschmalz oder pflanzliche Bratcreme
1 EL Tomatenmark
1 EL Tafelmeerrettich
400 g Rote Bete, geschält, gekocht
200 ml Gemüsebrühe
100 g Schmand oder vegane Crème fraîche

Die Zwiebel in feine Würfel schneiden und im erhitzten Butterschmalz oder Pflanzenfett glasig dünsten. Das Tomatenmark und den Meerrettich zugeben und 1 Minute anrösten.

Die Rote Bete in etwa 2 cm große Würfel schneiden und zu den Zwiebelwürfeln geben. Alles gut verrühren und mit der Gemüsebrühe ablöschen. Den Schmand oder die vegane Crème fraîche zugeben und 3 Minuten aufkochen lassen.

Anschließend mit dem Stabmixer sehr gründlich pürieren. Nach Belieben durch ein feines Haarsieb streichen. Die Sauce erkalten lassen und im Kühlschrank aufbewahren.

TIPPS Wer kein Freund von Meerrettich ist, kann diesen auch durch 1 Esslöffel scharfen Senf ersetzen.

Rote Bete färbt sehr intensiv und kann hartnäckige Flecken auf der Kleidung hinterlassen – lieber eine Schürze umbinden und Küchenhandschuhe tragen!

Crème-fraîche-Topping
Rote-Bete-Topping
Grüne Kräutersauce
Kürbis-Topping

Grüne Kräutersauce

Diese kalte Sauce hat einen herzhaft-frischen Geschmack und eignet sich mit ihrer leuchtend grünen Farbe besonders gut als Topping-Sauce.

Je 1 Bund Petersilie, Estragon, Basilikum und Kerbel
1 Tasse frischer Babyspinat
2 EL heller Balsamicoessig
2 EL Thymianessig
6 EL Joghurt oder veganer Joghurt
1 TL Zucker
je 1 Msp. Salz und Pfeffer aus der Mühle

Die Kräuter und den Babyspinat von den Stielen befreien und grob hacken, dann mit dem Essig und 1 Esslöffel Joghurt im Mixer oder mit dem Pürierstab fein mixen. Nun den übrigen Joghurt dazugeben und nochmals kurz mixen. Mit dem Zucker sowie Salz und Pfeffer abschmecken.

Crème-fraîche-Topping

250 g Crème fraîche oder vegane Crème fraîche
2 EL Milch oder Sojamilch
je 1 Msp. Salz und Pfeffer aus der Mühle
½ TL Zucker
je 1 EL frische Petersilie und frischer Schnittlauch

Die Crème fraîche mit der Milch verrühren. Mit Salz, Pfeffer und Zucker würzen. Die Kräuter sehr fein hacken und unterrühren. Besonders cremig wird diese Sauce, wenn man sie mit dem Stabmixer auf kleiner Stufe 1 Minute verrührt.

TIPP Je nach Geschmack kann man diese cremige Sauce auch mit anderen Lieblingskräutern wie Estragon oder Basilikum oder auch asiatisch mit frischem Koriander würzen.

Kürbis-Topping

½ kleiner Hokkaido (oder 500 g Kürbispüree)
1 Zwiebel
1 Knoblauchzehe
2 EL Olivenöl
250 ml Mandelmilch oder Kokosmilch
1 Msp. Muskatnuss, frisch gerieben
je 1 Msp. Meersalz und Pfeffer aus der Mühle

Das Kürbisfleisch von den Kernen befreien und grob würfeln. Die Kürbiswürfel in kochendem Wasser etwa 20 Minuten weich kochen. Anschließend abgießen, kalt abschrecken und im Mixer oder mit dem Pürierstab glatt pürieren.

Die Zwiebel und den Knoblauch in kleine Würfel schneiden. Das Olivenöl in einer beschichteten Pfanne erhitzen und die Zwiebel- und Knoblauchwürfel darin anbraten. Mit der Mandel- oder Kokosmilch ablöschen und 1 Minute aufkochen. Das Kürbispüree dazugeben und mit Muskatnuss, Salz und Pfeffer abschmecken. Anschließend kräftig pürieren und eventuell durch ein Haarsieb streichen.

Würzige Mayonnaise à la Cipriani

Diese Sauce ist unübertroffen als Topping zu den Pinsa-Rezepten mit Fleisch.

Für die Mayonnaise
3 Eigelb
2 TL Senfpulver
2 TL Weißweinessig
200 ml bestes natives Olivenöl
1 TL Zitronensaft
1 Msp. Salz

Für die Cipriani-Sauce
200 ml Mayonnaise (s. o.)
1 TL Zitronensaft
2 TL Worcestersauce
3 EL Milch oder Sahne
Salz, Pfeffer aus der Mühle

Wichtig: Alle Zutaten für die Mayonnaise und die Cipriani-Sauce sollten Zimmertemperatur haben!

Für die Mayonnaise die Eigelbe mit dem Senfpulver vermischen. Den Weißweinessig zugeben und mit einem Schneebesen aufschlagen. Dann das Olivenöl in einem dünnen Strahl langsam und unter ständigem Rühren zugeben, bis eine feine Creme entstanden ist. Die Mayonnaise mit dem Zitronensaft und dem Salz abschmecken. Wem es zu aufwendig ist, die Mayonnaise selbst herzustellen, kann natürlich auch eine fertige Mayonnaise kaufen – dann darauf achten, dass es eine reine Mayonnaise ist und keine Salatcreme.

Für die Cipriani-Sauce die Mayonnaise mit dem Zitronensaft, der Worcestersauce und der Milch oder Sahne vermischen. Mit Salz und Pfeffer abschmecken. Die Sauce hat die richtige Konsistenz, wenn sie gerade noch dickflüssig genug ist, um an einem Löffelrücken kleben zu bleiben, und nicht herunterläuft.

WISSENSWERTES Die Geschichte der Sauce ist untrennbar mit der berühmten Harry's Bar in Venedig und der Inhaberfamilie Cipriani verbunden, in deren Restaurant in der ersten Etage der Bar sie zu Carpaccio gereicht wurde. Das Carpaccio ist eine Vorspeise aus rohem, luftgetrocknetem Rindfleisch. Entwickelt wurde es im Jahr 1950 in eben dieser Bar von Giuseppe Cipriani für seine Stammkundin Contessa Amalia Nani Mocenigo, deren Arzt ihr vom Verzehr gegarten Fleisches abgeraten hatte. Nach Cipriani's Originalrezept wurde die gekühlte Rinderlende roh in hauchdünne Scheiben geschnitten, gesalzen, gepfeffert, auf einem Teller angerichtet und dann mit der Cipriani-Sauce serviert. Cipriani benannte seine Kreation übrigens nach dem berühmten venezianischen Maler Vittore Carpaccio, der für seine leuchtenden Rot- und Weißtöne bekannt war und dem zu dieser Zeit gerade eine große Ausstellung in Venedig gewidmet wurde.

Tomatenconfit

Die Methode, Gemüse zu confieren, also in Öl bei niedrigen Temperaturen zu garen, stammt ursprünglich aus der klassischen französischen Küche, in der Fleisch im eigenen Fett langsam gegart wurde.

Wir haben hier ein sehr einfaches Rezept für Cherrytomaten als Confit entwickelt. Dieses gelingt natürlich auch mit Gemüse wie Zucchini, Aubergine oder Kürbis; wichtig ist es dabei, gleich große Stücke von etwa 2×2 cm zu schneiden – einfach mal das eigene Lieblingsgemüse ausprobieren. Für die im Ofen karamellisierten Cherrytomaten nimmt man beste frische Qualität zur Sommerzeit und bewahrt sie dann in Öl auf. Das Garen im Ofen mit karamellisierendem Zucker ist eine wunderbare Methode, würzig-süße Tomaten jederzeit im Haus zu haben.

500 g saftige frische Cherrytomaten
bestes Olivenöl
2 Knoblauchzehen
½ TL Salz
1 TL schwarzer Pfeffer aus der Mühle
40 g Puderzucker
je 1 Zweig Rosmarin, Oregano und Thymian

Den Backofen auf 120 Grad Ober-/Unterhitze verheizen. Die Tomaten halbieren und mit 40 ml Olivenöl vermengen. Den Knoblauch schälen und mit dem Handballen grob zerdrücken. Zu den Tomaten geben und mit Salz und Pfeffer würzen. Die Tomatenhälften mit der gewölbten Seite nach unten auf ein Backblech legen und mit dem Puderzucker bestäuben. Zum Schluss die Kräuterzweige darüber verteilen.

Die Tomaten im vorgeheizten Backofen auf der mittleren Schiene gut 90 Minuten trocknen lassen. Zur Aufbewahrung locker in ein Schraubglas geben und mit bestem Olivenöl bedecken. So hält sich das selbst gemachte Tomatenconfit einige Wochen im Kühlschrank.

Süßes Minzpesto

1 unbehandelte Zitrone
1 Bund Minze (z. B. marokkanische Minze)
1 Bund Zitronenmelisse
1 Vanilleschote oder die entsprechende Menge Vanille-Extrakt
50 g Mandeln, blanchiert, gehackt
ca. 50 ml mildes Pflanzenöl
ca. 3 EL flüssiger Honig

Die Zitrone heiß abwaschen und abtrocknen, die Schale fein abreiben und den Saft auspressen.

Die Minze und die Zitronenmelisse waschen, auf Küchenkrepp abtropfen lassen und die Blätter von den Stielen zupfen. Danach die Vanilleschote der Länge nach aufschneiden und das Mark mit dem Messer herausschaben.

Die Kräuter zusammen mit den gehackten Mandeln, dem Vanillemark oder -Extrakt sowie Zitronenabrieb und -saft in eine hohe Rührschüssel geben und einige Tropfen Öl angießen. Mit dem Mixstab auf kleiner Stufe fein pürieren. Die Masse nicht zu heiß werden lassen, da die Minze ansonsten braun wird. Während des Mixens so viel Öl einlaufen lassen, bis die gewünschte Konsistenz erreicht ist, und mit dem Honig abschmecken.

Kirschsauce

300 ml Sauerkirschsaft (oder der Saft eines Glases Schattenmorellen)
2 EL Honig oder brauner Zucker
2 EL Speisestärke
100 ml kaltes Wasser

Den Kirschsaft in einem Topf erhitzen und dabei den Honig oder Zucker einrühren. Die Speisestärke mit dem kalten Wasser glatt verrühren, es sollen sich keine Klümpchen bilden. Diese Mischung nach und nach zu dem erhitzten Kirschsaft geben. Nochmals 30 Sekunden oder so lange aufkochen lassen, bis die gewünschte dickflüssige Konsistenz erreicht ist.

TIPP Für eine weihnachtliche Kirschsauce einfach eine Messerspitze Zimt oder Lebkuchengewürz in die Sauce geben.

Milchreiscreme

1 EL Butter
125 g Rundkornreis oder Milchreis
½ l Vollmilch oder Hafermilch
2 EL Zucker
1 Vanilleschote oder 1 Päckchen Vanillezucker
50 ml Sahne oder pflanzliche Sahne

Die Butter in einem großen Topf bei mittlerer Hitze schmelzen lassen und den Reis darin kurz anschwitzen. Dann die Milch und den Zucker hinzufügen. Die Vanilleschote längs aufschneiden, das Mark mit einem Messerrücken herausschaben und zusammen mit der Schote zum Reis geben. Alles unter ständigem Rühren bei hoher Hitze einmal kurz aufkochen lassen, Vorsicht: Der Milchreis klebt schnell am Topfboden fest, also aufpassen!

Die Hitze auf kleine Stufe stellen und den Milchreis 25 Minuten köcheln lassen, dabei alle 10 Minuten vorsichtig umrühren. Dann die Vanilleschote herausnehmen und den fertigen Milchreis erkalten lassen.

Anschließend die Sahne unter den Milchreis heben und alles mit dem Pürierstab gründlich zu einer Creme verarbeiten. Je nach Geschmack und Jahreszeit kann die Creme natürlich gewürzt werden – in der Weihnachtszeit mit einer Prise Zimt oder Lebkuchengewürz, im Sommer mit frischem Orangen- oder Zitronenabrieb, aber auch pürierte Minzblätter geben eine sommerliche Frische.

TIPP Basis für diese süße Creme ist klassischer Milchreis – wir bevorzugen es, ihn frisch mit Rundkornreis zu kochen (der bei den meisten Herstellern auch schon Milchreis heißt), weil wir dann genau die gewünschte Menge an Zucker und Vanille selbst bestimmen können. Wer es sich ein wenig einfacher machen möchte, kann natürlich auch eine Milchreisfertigmischung nutzen, bei der nur noch aufgekochte Milch dazukommt.

PINSA

Pinsa-Brot

Um die Dips aus den vorigen Kapiteln als Aperitif, als Snack für zwischendurch oder gemeinsam mit Freunden zu genießen, die Pinsa nach dem Grundrezept von Seite 17 herstellen und mit Öl bestreichen oder besprühen. Wir nehmen hierfür am liebsten aromatisierte Öle, zum Beispiel Rosmarinöl, ansonsten Olivenöl.

Die Pinsa im auf 250 Grad Ober-/Unterhitze vorgeheizten Ofen schön knusprig ausbacken, bis sie Blasen wirft und leicht bräunlich wird, aus dem Ofen nehmen und in Streifen schneiden. Alternativ kann man auch Teigkugeln von 50–70 Gramm herstellen, diese nach Rezept verarbeiten und anschließend als Mini-Variante der Pinsa Romana backen.

Falls der Ofen mehr hergibt, kann die Temperatur auch höher gestellt werden.

Die Rezeptmenge ist immer für 4 Personen angegeben.

Die Pinsa heiß servieren und mit den Dips genießen.

VEGETARISCH VEGAN

Die Pizza Margherita – oder in unserem Fall Pinsa Margherita – ist der unangefochtene Star unter den Belägen. In ihren Farben – grün, weiß, rot – spiegelt sich Italien, um ihre Erfindung ranken sich Geschichten. Eine Margherita zeigt aber auch ganz klar, ohne all den Schnickschnack drum herum, die Qualität der gewählten Zutaten, denn hier lenkt nichts von den drei Hauptkomponenten ab.
Wir persönlich wählen für eine Margherita immer am liebsten einen Mozzarella Fior di Latte und unbedingt frisches Basilikum!

Pinsa Margherita

BACKZEIT: 6 MINUTEN

VOR DEM BACKEN

4 Pinsa-Böden
320 g Tomatensauce (Rezept siehe Seite 20)
360 g Mozzarella, in grobe Streifen geschnitten oder grob zerrupft

NACH DEM BACKEN

40 g Basilikum

Das Basilikum waschen, gründlich trocken schütteln und die Blättchen abzupfen.
Die Tomatensauce wie auf Seite 20 beschrieben zubereiten.

Die Pinsa-Böden mit der Tomatensauce bestreichen. Den Mozzarella gleichmäßig auf der Pinsa verteilen. Die Pinsa im vorgeheizten Backofen nach Anleitung backen, dann aus dem Ofen nehmen und mit den Basilikumblättchen belegen.

Ziegenkäse & Pilze

BACKZEIT: 5½ MINUTEN

VOR DEM BACKEN
4 Pinsa-Böden
200 g Pesto Genovese
160 g Ziegenfrischkäse

NACH DEM BACKEN
120 g Kräutersaitlinge
120 g Austernpilze
120 g Champignons
3 EL Kräuterbutter
160 g frisches Basilikum
40 ml Crema di Balsamico, nach Belieben

TOPPING
40 g geröstete Sesamsamen, nach Belieben
40 g glatte Petersilie, nach Belieben

Cremig-milder Ziegenfrischkäse trifft auf würzig-kräftiges Pesto und beides garniert mit knusprig gebratenen Pilzen – eine wunderbare vegetarische Pinsa für jede Jahreszeit. Natürlich lassen sich auch andere Ziegenkäsespezialitäten dabei ausprobieren.

Die Pilze trocken putzen, in dünne Scheiben schneiden und in einer großen Pfanne in 2 Esslöffeln Kräuterbutter auf höchster Stufe scharf anbraten. Gegebenenfalls in mehreren Portionen braten, damit alle Pilze gleichmäßig Kontakt zum Pfannenboden haben. Zum Schluss die Hälfte des Basilikums klein gehackt unter die Pilze heben.

Die Pinsa-Böden gleichmäßig mit dem Pesto bedecken und den Ziegenkäse darüberbröckeln. Im vorgeheizten Ofen nach Anleitung backen, dann aus dem Ofen nehmen. Die Pilze auf dem gebackenen Boden verteilen, nach Belieben mit der Balsamicocreme dekorieren und zum Schluss mit den restlichen Basilikumblättern bestreuen. Als schönes zusätzliches Topping, nach Belieben mit gerösteten Sesamsamen und Petersilie garnieren.

TIPPS Die Pilze nicht waschen – dadurch ziehen sie zu viel Wasser und werden matschig –, lieber nur grob mit feuchtem Küchenkrepp putzen. Zum Braten eine große Pfanne nutzen, sodass jeder Pilz Kontakt mit dem Pfannenboden hat, und bei möglichst großer Hitze braten, damit die Pilze auch wirklich gebraten und nicht gekocht werden und dadurch zu viel an Volumen verlieren.

Viererlei Käse & Karamell-Pekannüsse

BACKZEIT: 6 MINUTEN

VOR DEM BACKEN
4 Pinsa-Böden
280 g Bio-Äpfel (säuerliche Sorte)
160 g Mozzarella
160 g Scamorza
160 g Gorgonzola

NACH DEM BACKEN
120 g Pekannüsse natur
80 g Honig
160 g Burrata

TOPPING
frische Minze zum Garnieren, nach Belieben
alter Balsamicoessig, nach Belieben

Die Äpfel halbieren, vom Kerngehäuse befreien und in kleine Würfel schneiden. Den Mozzarella, den Scamorza und den Gorgonzola in feine Streifen schneiden. Die Pekannüsse im Honig bei mittlerer Hitze karamellisieren, auf Backpapier ausbreiten und auskühlen lassen.

Die Pinsa-Böden gleichmäßig mit den Mozzarella-, Scamorza- und Gorgonzolastreifen sowie den Apfelwürfeln belegen und im vorgeheizten Backofen nach Anleitung backen, dann aus dem Ofen nehmen. Die Burrata gleichmäßig auf den gebackenen Boden geben. Die karamellisierten Pekannüsse darüber verteilen und nach Belieben mit frischen Minzblättern dekorieren. Wer es gern noch kräftiger im Geschmack mag, kann die Pinsa mit einem sehr alten Balsamicoessig würzen – er muss aber dickflüssig sein, um die Pinsa nicht zu »verwässern«.

WISSENWERTES Pekannüsse sind botanisch keine echten Nüsse, sondern Steinfrüchte. Ursprünglich aus den wärmeren Regionen Nordamerikas stammend, werden sie heute hauptsächlich in den Vereinigten Staaten, Mexiko und Australien angebaut und können von Oktober bis November geerntet werden. Sie schmecken leicht nussig-süßlich; geschält, geröstet und gesalzen sind sie ein toller Snack. Sie enthalten reichlich einfach und mehrfach ungesättigte Fettsäuren sowie Mineralstoffe, B-Vitamine und Provitamin A – ein Grund dafür, dass sie als Weltraumnahrung verwendet werden.

Diese Pinsa ist eine unserer Favoritinnen: vier Sorten würziger und cremiger Käse, dazu die leicht säuerlichen Äpfel und karamellisierte Pekannüsse – das alles auf dem luftig-knusprigen Pinsateig. DAS ist wahrer Pinsa-Genuss!

Gorgonzola & Spinat

BACKZEIT: 6 MINUTEN

VOR DEM BACKEN
4 Pinsa-Böden
160 g Gorgonzola
200 g Mozzarella
240 g Basilikum-Pesto
(siehe Rezept von Seite 24)

NACH DEM BACKEN
80 g frischer Babyspinat
80 g Walnusskerne

TOPPING
20 ml Crema di Balsamico
20 g Crème fraîche

Das Pesto zubereiten (Seite 24). Den Babyspinat waschen und gründlich trocken schleudern. Den Gorgonzola und den Mozzarella grob würfeln, die Walnüsse grob hacken.

Die Pinsa-Böden mit dem Pesto bestreichen, den Mozzarella und den Gorgonzola darauf verteilen und die Pinsa im vorgeheizten Ofen nach Anleitung backen, dann aus dem Ofen nehmen. Den Spinat und die Walnüsse gleichmäßig auf dem gebackenen Boden verteilen. Die Crema di Balsamico in feinen Streifen und die Crème fraîche in Klecksen über die Pinsa geben und genießen.

WISSENSWERTES Auch der Gorgonzola gehört zu den Käsesorten mit geschützter Ursprungsbezeichnung: Er darf nur in bestimmten Provinzen des Piemonts und der Lombardei hergestellt werden. Um seine Erfindung ranken sich viele Geschichten. Eine besagt, dass ein Melker während des Abendmelkens Besuch von einer Magd erhielt, die ihn wohl von seiner Arbeit abhielt. So schüttete er am nächsten Morgen versehentlich die Morgenmilch mit der geronnenen Milch des Vorabends zusammen – und verhalf einem neuartigen Käse zum Leben. Hergestellt wird der Gorgonzola seit dem 11. Jahrhundert und wird namentlich nach seinem Alter unterschieden:

Gorgonzola due paste: Er hat einen kräftig-pikanten Geschmack. Eine heutzutage rare Spezialität, da der Käse über ein Jahr reifen muss. Hier wird der Abendmilch Lab zugefügt und der Käsebruch dann bis zum folgenden Morgen in Tüchern aufgehängt. Am Folgetag wird er dann abwechselnd mit dem Käsebruch aus der Morgenmilch in Formen geschichtet.

Gorgonzola una pasta: besteht aus einer Mischung der dick gelegten Morgenmilch mit der Vorabendmilch.

Gorgonzola dolce: ein sechzig Tage gereifter, milder Käse.
Gorgonzola piccante: ein neunzig bis hundert Tage gereifter, würziger Käse.
Dolcelatte: Handelsname eines jungen, sahnig-milden Gorgonzola aus der Milch eines einzigen Melkgangs mit leichtem Oberflächenschimmel, der in Folie eingeschlagen von der Firma Galbani aus Pavia vertrieben wird.

Vegan Margherita

BACKZEIT: 5½ MINUTEN

VOR DEM BACKEN
4 Pinsa-Böden
280 g Tomatensauce
(Rezept siehe Seite 20)

FÜR DEN MOZZARELLA
100 g Cashewkerne natur
600 ml Wasser
2 EL Flohsamenschalen
½ Zitrone, Saft
4 EL Hefeflocken
je ½ TL Salz und Pfeffer aus der Mühle
½ TL Knoblauchpulver

NACH DEM BACKEN
80 ml bestes Olivenöl
160 g frisches Basilikum,
Blätter abgezupft

Je weniger Zutaten auf der Pinsa sind, umso deutlicher schmeckt man heraus, wenn man beste Qualitäten verwendet. Dieses schnelle Rezept für eine vegane Pinsa lebt von ganz frischem Basilikum und bestem Olivenöl – und ist, wenn der vegane Mozzarella frisch gemacht ist wie bei unserem Rezept, ein veganer Hochgenuss!

Für den Mozzarella die Cashewkerne über Nacht in 200 ml Wasser einweichen, am nächsten Morgen das Wasser abschütten. Die Flohsamenschalen 2 Stunden in 400 ml Wasser einweichen.

Die Flohsamenschalen und die Cashewkerne mit dem Zitronensaft, den Hefeflocken und den Gewürzen in einem Mixer oder mit dem Stabmixer 4 Minuten vermengen, bis eine weiße, käsige Masse entsteht. Diese Masse über Nacht im Kühlschrank fest werden lassen. Am nächsten Tag auf einen Teller stürzen und in Stücke schneiden.

Die Tomatensauce nach Rezept von Seite 20 zubereiten.

Die Pinsa-Böden bis zum Rand mit der Tomatensauce bestreichen und die Mozzarellastücke darauf verteilen. Im vorgeheizten Ofen nach Anleitung backen, dann aus dem Ofen nehmen. Den gebackenen Boden mit dem Olivenöl beträufeln, großzügig mit den Basilikumblättern bestreuen und gleich genießen!

TIPP Wer sich nicht die Mühe machen möchte, den veganen Mozzarella selbst herzustellen – oder wer es gerade eilig hat –, kann natürlich auch ein fertiges Produkt aus dem Supermarkt nehmen. Mittlerweile haben immer mehr Supermärkte spezielle Bio-Abteilungen mit einer großen Auswahl an tollen veganen Produkten.

Cinque Formaggi

BACKZEIT: 6 MINUTEN

VOR DEM BACKEN

4 Pinsa-Böden
200 g Béchamelsauce
(Rezept siehe Seite 20)
120 g Mozzarella
120 g Gorgonzola
120 g Cheddar

NACH DEM BACKEN

120 g Büffelmozzarella
120 g Scamorza

TOPPING

40 ml Crema di Balsamico

Die Béchamelsauce wie auf Seite 20 beschrieben zubereiten. Alle Käsesorten in dünne Scheiben schneiden. Für den Scamorza nehmen wir persönlich am liebsten einen Sparschäler.

Die Pinsa-Böden mit der Béchamelsauce bestreichen. Den Mozzarella, den Gorgonzola und den Cheddar gleichmäßig darauf verteilen und die Pinsa im vorgeheizten Ofen nach Anleitung backen, dann aus dem Ofen nehmen. Den Büffelmozzarella und den Scamorza gleichmäßig auf dem gebackenen Boden verteilen und als Topping mit der Balsamicocreme verfeinern.

WISSENSWERTES Der Scamorza ist bei uns noch nicht so bekannt, hält aber doch langsam Einzug in unsere Küchen. Er gehört, wie auch der Mozzarella und die Burrata, zu den Brühkäsen vom Typ Filata. Hierzulande wird er, etwas irreführend, tatsächlich zu den Frischkäsen gezählt. Seine typische Birnenform mit den zwei unterschiedlich großen Kugeln verweist auf die Ableitung seines Namens »Capa mozza«, was so viel bedeutet wie »abgetrennter Kopf«.

Scamorza hat einen Fettgehalt von 40–50 Prozent, ist dem Mozzarella im Geschmack sehr ähnlich, aber eben sehr kompakt und schneidefähig. Besonders gut schmeckt die geräucherte Variante.

Büffelmozzarella & Pesto

BACKZEIT: 6 MINUTEN

VOR DEM BACKEN
4 Pinsa-Böden
240 g Basilikum-Pesto
(Rezept siehe Seite 24)
280 g Büffelmozzarella

NACH DEM BACKEN
280 g Cherrytomaten
20 g frisches Basilikum
40 g Parmesan, gehobelt

Das Basilikum-Pesto wie auf Seite 24 beschrieben zubereiten. Den Büffelmozzarella in Würfel schneiden oder grob zerreißen. Aus den Cherrytomaten ein Confit zubereiten wie auf Seite 37 beschrieben. Das Basilikum waschen, gut trocken schütteln und klein schneiden.

Die Pinsa-Böden mit dem Pesto bestreichen, das geht am leichtesten mit einem Silikonpinsel. Den Büffelmozzarella darauf verteilen und die Pinsa im vorgeheizten Backofen nach Anleitung backen, dann aus dem Ofen nehmen. Das Tomatenconfit gleichmäßig auf dem gebackenen Boden verteilen. Dann das Basilikum zusammen mit den Parmesanspänen über die Pinsa geben. Anrichten und genießen.

Beim Pesto kann man zwischen diversen Varianten wählen – selbst hergestellt (Rezept siehe Seite 24) oder fertig gekauft. Wir haben ein Basilikum-Pesto gewählt, da es nicht ganz so herb schmeckt wie ein Pesto Genovese.

Feta & Olive

BACKZEIT: 6 MINUTEN

VOR DEM BACKEN
4 Pinsa-Böden
200 g Pecorinocreme
(aus dem Supermarkt)
200 g Mozzarella, in grobe Streifen geschnitten oder grob zerrupft

NACH DEM BACKEN
120 g frischer Babyspinat
12 g Feta (alternativ fertig marinierter Feta)
60 g grüne Oliven
60 g lila Oliven
80 g Cherrytomaten
80 g Pinienkerne

TOPPING
40 ml Crema di Balsamico
40 g Béchamelsauce
(Rezept siehe Seite 20)

Die Béchamelsauce wie auf Seite 20 beschrieben zubereiten.

Den Babyspinat waschen und gut trocken schleudern. Den Feta in Würfel schneiden, die Oliven entkernen und in Scheiben schneiden. Aus den Tomaten ein Confit wie auf Seite 37 beschrieben zubereiten. Die Pinienkerne in einer Pfanne ohne Fett goldbraun rösten – Achtung: unbedingt dabeibleiben, Pinienkerne verbrennen sehr schnell!

Die Pinsa-Böden mit der Pecorinocreme bestreichen. Den Mozzarella gleichmäßig darauf verteilen und die Pinsa im vorgeheizten Backofen nach Anleitung backen, dann aus dem Ofen nehmen. Den Babyspinat gleichmäßig auf dem gebackenen Boden verteilen, anschließend Feta, Tomatenconfit, Oliven und Pinienkerne daraufgeben und mit der Balsamicocreme und der Béchamelsauce garnieren.

Grüner Spargel & Burrata

BACKZEIT: 5½ MINUTEN

VOR DEM BACKEN
4 Pinsa-Böden
160 g Mascarpone
2 Zitronen, Saft
1 TL Zucker
160 g Radieschen
200 g grüner Spargel

NACH DEM BACKEN
120 g eingelegte getrocknete Tomaten, nach Belieben
80 g Granatapfelkerne
160 g Burrata

Den Mascarpone mit dem Zitronensaft und dem Zucker sehr gut verrühren und 20 Minuten stehen lassen.

Die Radieschen in feine Scheiben schneiden, die getrockneten Tomaten, falls verwendet, mit Küchenpapier trocken tupfen und in 1 cm breite Streifen schneiden. Die unteren Enden des Spargels etwa 1 cm abschneiden.

Die Pinsa-Böden mit der Mascarponecreme bestreichen. Dann den Spargel und die Radieschenscheiben daraufgeben und die Pinsa im vorgeheizten Ofen nach Anleitung backen, dann aus dem Ofen nehmen. Die getrockneten Tomaten, falls verwendet, und die Granatapfelkerne auf dem gebackenen Boden verteilen und mit Tupfen von Burrata fertigstellen.

Für Liebhaber von vielen unterschiedlichen Geschmackseindrücken auf einmal ist diese Pinsa genau das Richtige: frische Mascarponecreme als Basis für den grünen Spargel, pfeffrige Radieschen, dazu herzhafte Tomaten, fruchtig-frischer Granatapfel und das Ganze abgerundet durch cremige Burrata. Ein Traum!

Rote Bete & Zucchini

BACKZEIT: 6 MINUTEN

VOR DEM BACKEN

4 Pinsa-Böden
280 g Tomatensauce (Rezept siehe Seite 20)
200 g Mozzarella, in grobe Streifen geschnitten oder grob zerrupft

NACH DEM BACKEN

160 g Zucchini
160 g gelbe Paprika
80 g Kräuterbutter
160 g Rote Bete, gekocht, geschält
120 g Büffelmozzarella, zerrupft

Die Tomatensauce wie auf Seite 20 beschrieben zubereiten.

Die Zucchini in dünne Scheiben schneiden. Die Paprika halbieren, entkernen und in kleine Stücke schneiden. Beides in der Kräuterbutter in einer Pfanne anbraten und warm stellen. Die Rote Bete in dünne Scheiben schneiden, am besten mit Einmalhandschuhen, da sie extrem färbt.

Die Pinsa-Böden mit der Tomatensauce bestreichen und den Mozzarella darauf verteilen. Die Pinsa im vorgeheizten Ofen nach Anleitung backen, dann aus dem Ofen nehmen. Die Rote Bete, die Zucchini und die Paprika auf dem gebackenen Boden verteilen. Zum Schluss den Büffelmozzarella darübergeben.

Unsere absolute vegetarische Lieblingspizza – eine bunte, gesunde Auswahl an Gemüse, ein tomatig-cremiger Untergrund und bester Büffelmozzarella on top: So bunt und vielfältig kann Pinsa sein!

Mac'n Cheese

BACKZEIT: 5½ MINUTEN

VOR DEM BACKEN
4 Pinsa-Böden

FÜR DIE MAC'N CHEESE
50 g Parmesan
100 g Cheddar
200 g Emmentaler
30 g Butter
30 g Mehl
400 ml Milch (3,5 Prozent Fettgehalt)
200 ml Sahne
1 TL Pfeffer aus der Mühle
1 TL geräuchertes Paprikapulver
250 g Makkaroni
3 TL Salz

Mac'n Cheese sind DER amerikanische Beilagenklassiker. Die Käse-Makkaroni sind cremig, gehaltvoll, käsig. Das Geheimnis ist die perfekte Balance zwischen cremig und fest – hier macht die richtige Käsemischung den Unterschied. Hinzu kommt eine ausgewogene Würzung, fertig ist das US-Kultessen in der Pinsa-Version.

Die drei Käsesorten fein reiben, in eine Schüssel geben und beiseitestellen.

Die Butter in einem Topf bei mittlerer Hitze schmelzen, das Mehl mit einem Schneebesen einrühren, sodass eine glatte Masse entsteht. Anschließend langsam mit der Milch und der Sahne unter ständigem Rühren zum Kochen bringen. Den Pfeffer und das Paprikapulver einrühren und alles unter ständigem Rühren etwa 10 Minuten auf niedriger Stufe köcheln lassen.

In der Zwischenzeit die Makkaroni nach Packungsanleitung in Salzwasser kochen (3 TL auf 3 l Wasser). Dann abgießen und sofort mit der heißen Sauce zu dem geriebenen Käse in die Schüssel geben und gut vermischen. Wichtig: Die Nudeln und die Sauce müssen unbedingt noch heiß sein, damit der geriebene Käse schmilzt und eine zähe Käse-Makkaroni-Masse entsteht.

Die Pinsa-Böden großzügig mit den fertigen Mac'n Cheese bedecken und im vorgeheizten Backofen nach Anleitung backen.

TIPP Wir mögen diese Pinsa-Variante tatsächlich am liebsten pur ohne zusätzliches Topping. Wer mag, kann aber gern noch frische Kräuter oder etwas Barbecuesauce darübergeben oder für mehr Schärfe ein wenig Cayennepfeffer.

Fenchel & Apfel

BACKZEIT: 6 MINUTEN

VOR DEM BACKEN
4 Pinsa-Böden
160 g Apfel
200 g Pecorinocreme
(aus dem Supermarkt)
200 g Mozzarella, in grobe Streifen
geschnitten oder grob zerrupft

NACH DEM BACKEN
160 g Fenchel
1 EL Pflanzenöl oder Butter
80 g Pinienkerne, nach Belieben
80 ml Crema di Balsamico

Fenchel ist nicht jedermanns Geschmack, aber hier in der Kombination mit dem cremig-herzhaften Käse, den gebackenen Äpfeln und abgerundet mit süß-säuerlichem Balsamico bekommt er nun die Chance, auf der Beliebtheitsskala ein paar Plätze nach oben zu klettern.

Den Fenchel zunächst gründlich waschen, da sich in den Zwischenräumen häufig Sand versteckt. Anschließend das Grün abtrennen und den Strunk herausschneiden. Die Knolle vierteln, dann in schmale Streifen schneiden. Im Pflanzenöl oder der Butter bei mittlerer Hitze 3 Minuten schwenken, dann warm stellen.

Die Äpfel schälen, das Kerngehäuse mit einem Ausstecher entfernen, die Äpfel halbieren und danach in sehr dünne Scheiben schneiden. Die Pinienkerne, falls verwendet, in einer Pfanne ohne Fett goldgelb braten.

Die Pinsa-Böden mit der Pecorinocreme bestreichen, den Mozzarella darüberstreuen. Anschließend die Apfelscheiben großzügig ohne Überlappungen darauflegen. Die Pinsa im vorgeheizten Backofen nach Anleitung backen, dann aus dem Ofen nehmen. Den warmen Fenchel auf den gebackenen Boden geben und nach Belieben mit den Pinienkernen sowie mit der Balsamicocreme abrunden.

TIPP Fenchel ist dank seines hohen Gehalts an ätherischen Ölen auch als Heilpflanze bekannt. Er ist reich an Kalzium, Vitamin B, C und E sowie Betacarotin und Eisen. Am besten kauft man Fenchel in seiner Saison von Juni bis Oktober. Frisch ist der Fenchel, wenn er keine braunen Stellen hat und das Fenchelgrün weder welk noch vertrocknet ist.

Kartoffeln & Raclette

BACKZEIT: 6 MINUTEN

VOR DEM BACKEN

4 Pinsa-Böden
200 g Kartoffeln
1–2 EL gerebelter Rosmarin
2 EL Olivenöl
Salz, Pfeffer aus der Mühle
3 Knoblauchzehen
240 g Raclettekäse
200 g Ricotta

NACH DEM BACKEN

80 g rote Paprika (gegrillt; entweder frisch aus der Antipasti-Theke oder aus dem Glas)
Muskatnuss, frisch gerieben

TOPPING

160 g Trüffel-Dip

Die Kartoffeln ungeschält mit einer Gemüsereibe oder einem Sparschäler in etwa 3 mm feine Scheiben schneiden und in einer großen Schüssel mit dem Rosmarin, dem Olivenöl sowie Salz und Pfeffer vermengen. Den Knoblauch in Scheiben schneiden. Den Raclettekäse reiben oder in Würfel schneiden.

Den Ricotta auf den Pinsa-Böden verstreichen, dann die Kartoffelscheiben gleichmäßig flach darauf verteilen. Den Knoblauch und den Raclettekäse darübergeben und die Pinsa im vorgeheizten Ofen nach Anleitung backen, dann aus dem Ofen nehmen.

Die Paprika abtropfen lassen, in kleine Stücke schneiden und auf dem gebackenen Boden verteilen. Den Trüffel-Dip in Streifen darauf dekorieren und genießen.

Die Pizza con Patate ist eine Variante, wie man sie in ganz Italien, aber noch sehr selten in Deutschland antrifft. Ihre Ursprünge sollen – wie so vieles – in Rom zu finden sein, aber egal, woher sie genau stammt: Die knusprig gebratenen, möglichst hauchdünnen Kartoffelscheiben sind ein Gedicht. Wir kombinieren sie hier mit deftigem Raclettekäse, man kann sie aber auch weniger gehaltvoll mit Mozzarella oder auch pur ganz ohne Käse genießen.

Melanzane, wie die Auberginen in Italien heißen, gehören wie Zucchini zu den Klassikern der italienischen Küche.
In den 1970er-Jahren kamen sie erstmals im Gepäck italienischer Gastarbeiter nach Deutschland. Egal, ob frittiert, gebacken, gegrillt, in Tomatensauce überbacken oder eben wie in unserer Variante in Öl eingelegt, die Aubergine ist mit ihrem hohen Wasseranteil, ihrem hohen Vitamin-C-Anteil, der minimalen Kalorienanzahl ein in Deutschland noch völlig unterschätztes Gemüse.
Achtung: Auberginen dürfen aufgrund ihrer Bitterstoffe und des giftigen Alkaloids nicht roh verzehrt werden.

Auberginen & Feta vegan

BACKZEIT: 6 MINUTEN

VOR DEM BACKEN

4 Pinsa-Böden
280 g Tomatensauce (Rezept siehe Seite 20)
200 g veganer Feta
120 g gegrillte, in Öl eingelegte Auberginen

NACH DEM BACKEN

80 g Babyspinat frisch
80 g Mais
120 g Ajvar (Paprikapaste)

TOPPING

120 g vegane Crème fraîche

Die eingelegten Auberginen gleichmäßig schneiden.

Die Pinsa-Böden mit der Tomatensauce bestreichen. Den veganen Feta in kleine Stücke zerteilen und darauf verteilen und anschließend gemäß Backzeit in den Ofen geben.

Die Auberginenstücke gleichmäßig auf der Pinsa verteilen, in die Zwischenräume den Babyspinat, den Mais und das Ajvar geben. Zum Schluss mit der veganen Crème fraîche garnieren.

Austernpilze & Käse-Zweierlei

BACKZEIT: 6 MINUTEN

VOR DEM BACKEN

4 Pinsa-Böden
120 g Gorgonzola
200 g Mozzarella

NACH DEM BACKEN

120 g Austernpilze
Olivenöl
1 EL Crema di Balsamico
1 TL Honig
1 Knoblauchzehe, gepresst
80 g Feldsalat oder Babyspinat
Salat-Vinaigrette (Rezept siehe Seite 24)
80 g Pinienkerne

TOPPING

160 g Trüffel-Dip

Die Austernpilze mit Küchenpapier oder einem Pinsel reinigen und grob schneiden. In einer Pfanne in wenig erhitztem Olivenöl von jeder Seite 3–4 Minuten braten, anschließend aus der Pfanne nehmen. Die Crema di Balsamico mit 3 Esslöffeln Olivenöl, dem Honig und der gepressten Knoblauchzehe mischen und die Austernpilze damit marinieren.

Den Gorgonzola in grobe Würfel, den Mozzarella in Streifen schneiden oder grob zerrupfen. Den Feldsalat oder den Babyspinat waschen und gründlich trocken schleudern. Die Vinaigrette wie auf Seite 24 beschrieben zubereiten und den Feldsalat oder Babyspinat damit anmachen. Die Pinienkerne ohne Fett in einer Pfanne anbraten – Achtung: Sie verbrennen sehr leicht!

Die Pinsa-Böden mit dem Mozzarella bestreuen, dann die Gorgonzolawürfel darauf verteilen und im vorgeheizten Backofen nach Anleitung backen, dann aus dem Ofen nehmen.

Erst den Feldsalat oder Babyspinat und dann die marinierten Austernpilze und die Pinienkerne gleichmäßig auf dem gebackenen Boden verteilen. Mit dem Trüffel-Dip verfeinern.

Avocado & mexikanische Salsa

BACKZEIT: 5½ MINUTEN

VOR DEM BACKEN
4 Pinsa-Böden
280 g mexikanische Salsa
(Rezept siehe Seite 22)

NACH DEM BACKEN
200 g Avocado
Zitronensaft zum Beträufeln
80 g Mais aus der Dose
40 g frischer Koriander, Blättchen abgezupft

TOPPING
80 g Crème fraîche

Die mexikanische Salsa wie auf Seite 22 beschrieben zubereiten.

Die Avocado längs aufschneiden, den Kern entfernen, das Fruchtfleisch mit einem Esslöffel aus der Schale heben und in Streifen schneiden. Bis zur Verarbeitung mit etwas Zitronensaft beträufeln, damit die Avocado nicht braun wird.

Die Pinsa-Böden reichlich mit der mexikanischen Salsa bis zum Rand bestreichen und im vorgeheizten Ofen nach Anleitung backen, dann aus dem Ofen nehmen.

Den gebackenen Boden mit dem Mais, den Avocadostreifen und den abgezupften Korianderblättern belegen. Mit Streifen von Crème fraîche ausgarnieren.

Mexiko pur – die Mischung aus der fruchtig-feurigen Salsa und der cremigen Avocado macht den typisch mexikanischen Geschmack dieser Pinsa aus. Natürlich funktioniert auch hier die vegane Variante sehr gut.

Getrocknete Tomate & Olive

BACKZEIT: 6 MINUTEN

VOR DEM BACKEN
4 Pinsa-Böden
280 g Tomatensauce
(Rezept siehe Seite 20)
200 g Mozzarella, in grobe Streifen geschnitten oder grob zerrupft

NACH DEM BACKEN
160 g getrocknete, eingelegte Tomaten
120 g grüne Oliven
80 g rote Zwiebeln
40 g frisches Basilikum
20 g glatte Petersilie

Die Tomatensauce wie auf Seite 20 beschrieben zubereiten.

Die getrockneten Tomaten in Streifen, die Oliven in Ringe und die Zwiebeln in dünne Scheiben schneiden. Das Basilikum und die Petersilie waschen, gut trocken schütteln und klein schneiden.

Die Pinsa-Böden mit der Tomatensauce bestreichen. Den Mozzarella gleichmäßig darauf verteilen. Die Pinsa im vorgeheizten Backofen nach Anleitung backen, dann aus dem Ofen nehmen.

Alle vorbereiteten Zutaten auf dem gebackenen Boden verteilen und genießen.

Kartoffeln & Trüffelsauce

BACKZEIT: 6 MINUTEN

VOR DEM BACKEN
4 Pinsa-Böden
200 g Kartoffeln
150 g Kräuterbutter
1 TL Pfeffer aus der Mühle
280 g Mozzarella, in grobe Streifen geschnitten oder grob zerrupft

NACH DEM BACKEN
80 g Tomatenconfit (Rezept siehe Seite 37)
80 g frischer Babyspinat
120 g Trüffelsauce

TOPPING
80 g Crème-fraîche-Topping (Rezept siehe Seite 34)

Eine weitere Variation mit Trüffeln – dieses Mal mit herzhaften Kartoffelscheiben und unserer Trüffelsauce. Zusammen mit dem Crème-fraîche-Topping und dem Tomatenconfit eine tolle Vielfalt an Aromen. Ein echter Pinsa-Genuss!

Das Tomatenconfit und das Crème-fraîche-Topping wie auf den Seiten 37 und 34 beschrieben zubereiten. Den Babyspinat waschen und gründlich trocken schleudern.

Die Kartoffeln schälen und auf dem Gemüsehobel in 2 mm dünne Scheiben schneiden. Die Kräuterbutter in einer Pfanne schmelzen und die Kartoffelscheiben darin schwenken. Mit frisch gemahlenem Pfeffer abschmecken.

Die Pinsa-Böden mit dem Mozzarella bedecken. Anschließend die Kartoffelscheiben daraufgeben. Die Pinsa im vorgeheizten Ofen nach Anleitung backen, dann aus dem Ofen nehmen.

Den Babyspinat und das Tomatenconfit auf den fertig gebackenen Boden geben. Die Trüffelsauce und das Crème-fraîche-Topping in Squeeze-Flaschen geben und die Pinsa damit aromatisieren.

WISSENSWERTES In Südeuropa, insbesondere in den französischen Regionen Périgord und Dordogne, haben die Suche nach schwarzen Trüffeln und deren Anbau eine über zweihundertjährige Tradition. Inzwischen legen Züchter in Kalifornien, Australien und Neuseeland und sogar in Deutschland Trüffelplantagen mit geeigneten Wirtspflanzen an.

Mit Preisen zwischen 1000 und 2000 Euro pro Kilo sind schwarze Trüffel nach den Alba-Trüffeln die zweitteuersten Trüffel und zugleich einer der begehrtesten Speisepilze. Schwarze Trüffel verlieren im Vergleich zu Alba-Trüffeln ihr Aroma beim Kochen nicht, der Geschmack wird intensiver.

TIPP Probieren Sie doch einmal unsere Trüffelsauce mit europäischem schwarzem Trüffel, bestem Olivenöl und Gewürzen (zu beziehen über www.pinsa-buch.de).

Mozzarella & Scamorza

BACKZEIT: 6 MINUTEN

VOR DEM BACKEN

4 Pinsa-Böden
280 g Tomatensauce
(Rezept siehe Seite 20)
200 g Mozzarella, in grobe Streifen geschnitten oder grob zerrupft

NACH DEM BACKEN

20 g geräucherter Scamorza
120 g Büffelmozzarella
120 g Cherrytomaten
80 g Rucola

Die Tomatensauce wie auf Seite 20 beschrieben zubereiten.

Den Scamorza grob reiben. Den Büffelmozzarella grob zerreißen. Aus den Tomaten ein Confit wie auf Seite 37 beschrieben zubereiten. Den Rucola waschen und gut trocken schütteln.

Die Pinsa-Böden mit der Tomatensauce bestreichen und mit dem Mozzarella bestreuen. Die Pinsa im vorgeheizten Backofen nach Anleitung backen, dann aus dem Ofen nehmen.

Den Rucola gleichmäßig auf dem gebackenen Boden verteilen, dann den Büffelmozzarella, das Tomatenconfit und den Scamorza darauf verteilen.

Hummus, eine orientalische Spezialität aus pürierten Kichererbsen, Sesammus (Tahina), Olivenöl, Zitronensaft, Salz und Gewürzen, ist eine der typischen Speisen der levantinischen Küche. Sie wird mit Fladenbrot serviert. Hier dient Hummus als Basis für eine vegane Pinsa mit gefüllten Weinblättern und zwei frischen Saucen – Orient pur.

Hummus-Trio & Weinblätter

BACKZEIT: 5½ MINUTEN

VOR DEM BACKEN
4 Pinsa-Böden
je 200 g Hummus natur, Curry-Hummus und Rote-Bete-Hummus (aus dem Supermarkt)

NACH DEM BACKEN
4 EL Sesam
600 g gefüllte Weinblätter (ca. 16 Stück)

TOPPING
40 ml grüne Kräutersauce (Rezept siehe Seite 34)
40 ml Rote-Bete-Topping (Rezept siehe Seite 32)

4 EL Sesam in der Pfanne ohne Fett goldbraun anrösten. Die gefüllten Weinblätter grob schneiden und zur Seite stellen.

Die drei Hummus-Sorten (mittlerweile in jedem gut sortierten Supermarkt zu finden) gleichmäßig auf der Pinsa verteilen. Ob quer oder längs – jeder kann dies nach seinem Geschmack entscheiden. Die Pinsa im vorgeheizten Ofen nach Anleitung backen, dann aus dem Ofen nehmen.

Die Weinblätter auf dem gebackenen Boden verteilen, mit den beiden Saucen dekorieren und den Sesam darüberstreuen.

Asiatische Toppings eignen sich hervorragend für eine Pinsa, weil sie einen kräftigen Geschmack haben – die Pinsa selbst dient als »Teller« und neutralisierende Geschmacksbeilage zugleich. Eigentlich gehört in die traditionell hergestellte Teriyaki-Sauce immer auch Sake, ein japanischer Reiswein – wir haben darauf verzichtet und diese Pinsa »familientauglich« belassen.

Veganes Chicken-Teriyaki

BACKZEIT: 6 MINUTEN

VOR DEM BACKEN

4 Pinsa-Böden
180 g veganes Hähnchengeschnetzeltes
Pflanzenöl zum Braten
1 TL fein gehackter Knoblauch
1 kleine Frühlingszwiebel, in dünne Ringe geschnitten
80 g Mungobohnen
1 TL fein gehackter Ingwer
75 ml Wasser
50 ml salzreduzierte Sojasauce
1 EL Reisessig
1 EL Agavendicksaft
Cayennepfeffer, nach Belieben
1 EL Speisestärke
200 g vegane Crème fraîche

NACH DEM BACKEN

80 g geröstete Sesamsamen
80 g Erdnüsse, klein gehackt

TOPPING

1 Bund Koriander, ohne Stiele frisch gehackt

Das vegane Hähnchengeschnetzelte in Pflanzenöl goldbraun anbraten, dann aus der Pfanne nehmen. Knoblauch, Frühlingszwiebel, Mungobohnen und Ingwer in die Pfanne geben und unter gelegentlichem Rühren 3 Minuten bei mittlerer Hitze reduzieren lassen. Mit dem Wasser, der Sojasauce und dem Reisessig ablöschen, mit dem Agavendicksaft süßen und eventuell nach Geschmack mit Cayennepfeffer schärfen. Die Speisestärke in 3 Esslöffeln kaltem Wasser auflösen und unter Rühren in die Sauce geben. 1 Minute aufkochen. dann 5 Minuten abkühlen lassen.

Die Asiasauce mit der veganen Crème fraîche verrühren und gleichmäßig auf dem Pinsa-Boden verteilen. Dann das Chicken-Teriyaki auf dem Boden verteilen, möglichst ohne viel Bratflüssigkeit, da die Pinsa ansonsten matschig wird. Die Pinsa im vorgeheizten Ofen nach Anleitung backen, dann aus dem Ofen nehmen.

Den gerösteten Sesam und die klein gehackten Erdnüsse auf dem gebackenen Boden verteilen und großzügig mit dem frisch gehackten Koriander bestreuen.

FLEISCH

Bresaola & Tomate

BACKZEIT: 6 MINUTEN

VOR DEM BACKEN

4 Pinsa-Böden
320 g Mozzarella

NACH DEM BACKEN

160 g Cherrytomaten
Salz
je 1 EL getrocknete Kräuter (z. B. Rosmarin, Thymian oder Oregano)
200 g Bresaola
Zitronensaft
Pfeffer aus der Mühle
Olivenöl
40 g Grana Padana, fein gehobelt, nach Belieben

TOPPING

20 ml Crema di Balsamico
frisches Basilikum, Blättchen abgezupft

Die Tomaten in Scheiben schneiden und mit Salz und den Kräutern würzen. Den Bresaola mit Zitronensaft, Salz, Pfeffer und Olivenöl abschmecken – so wie ein Carpaccio.

Den Mozzarella reiben und die Pinsa-Böden damit bestreuen. Die Pinsa im vorgeheizten Ofen nach Anleitung backen, dann aus dem Ofen nehmen.

Den Bresaola in kleinen Röschen auf dem gebackenen Boden verteilen (nicht flach auflegen!) und nach Belieben mit den Parmesanspänen bestreuen. Anschließend mit der Crema di Balsamico und Basilikumblättchen garnieren und servieren.

TIPP Wenn man herkömmlichen fertig geriebenen Mozzarella verwendet, gibt man diesen eine halbe Stunde vor der Verwendung mit wenig Salz in eine Schüssel und lässt das Salz ein paar Minuten einwirken. Dadurch wird der Geschmack des Mozzarella verstärkt.

Bresaola ist ein luftgetrockneter Rinderschinken aus der Keule. Er ist vom Geschmack milder und etwas zarter als das schweizerische Pendant Bündnerfleisch.

Speck & Paprika

BACKZEIT: 6 MINUTEN

VOR DEM BACKEN
4 Pinsa-Böden
280 g Tomatensauce
(Rezept siehe Seite 20)
320 g Mozzarella, in grobe Streifen geschnitten oder grob zerrupft

NACH DEM BACKEN
120 g Camembert
80 g Rucola
120 g gut durchwachsener Speck, in Streifen geschnitten
120 g rote Paprika (gegrillt; entweder frisch aus der Antipasti-Theke oder aus dem Glas)

Die Tomatensauce wie auf Seite 20 beschrieben zubereiten.

Den Camembert in hauchdünne Scheiben schneiden, den Rucola waschen und gut trocken schütteln. Den Speck in einer heißen Pfanne ohne Fett goldbraun anbraten und zur Seite stellen. Die Paprika abtropfen lassen und in grobe Streifen schneiden.

Die Pinsa-Böden mit der Tomatensauce bestreichen, mit dem Mozzarella bestreuen und im vorgeheizten Ofen nach Anleitung backen, dann aus dem Ofen nehmen.

Erst den Rucola und die Paprikastreifen, dann den Camembert und schließlich den Speck auf dem gebackenen Boden verteilen.

Essen wie Gott in Frankreich – oder na ja, zumindest im Elsass. Der Belag, den wir hier vor dem Backen verwenden, ist der klassische Belag für einen Flammkuchen – eine Tarte Flambée, wie sie die Franzosen nennen.

Speck & Lauchzwiebeln

BACKZEIT: 6 MINUTEN

VOR DEM BACKEN

4 Pinsa-Böden
200 g rote Zwiebeln
200 g geräucherter, durchwachsener Speck
100 g Schmand
100 g Crème fraîche
Salz, Pfeffer aus der Mühle
40 g Lauchzwiebeln

NACH DEM BACKEN

1 Bund Schnittlauch

Die Zwiebeln halbieren und in kleine Würfel schneiden, den Speck in Streifen schneiden. Den Schmand und die Crème fraîche miteinander verrühren und mit Salz und Pfeffer abschmecken. Die Lauchzwiebeln von der äußeren Haut befreien und in grobe Ringe schneiden. Den Schnittlauch, falls verwendet, waschen, gut trocken schütteln und in Röllchen schneiden.

Die Pinsa-Böden mit der Crème-fraîche-Schmand-Mischung bestreichen, die Zwiebelwürfel und den Speck darauf verteilen und die Pinsa im vorgeheizten Ofen nach Anleitung backen, dann aus dem Ofen nehmen. Mit den Schnittlauchröllchen bestreuen und schmecken lassen!

TIPP Wer den Flammkuchen auf original Elsässer Art genießen möchte, trinkt einen Federweißer dazu.

WISSENSWERTES Entstanden ist der Flammkuchen vor mehr als hundert Jahren – als man sein Brot noch selbst im heimischen Backofen gebacken hat – eigentlich eher aus der Notwendigkeit heraus, die richtige Temperatur des Ofens zu prüfen. Deswegen trennten die Bäcker ein kleines Stück des Teigs ab, rollten es dünn aus und gaben es in den holzbefeuerten Ofen. Wurde das Teigstück schön kross, hatte der Ofen die richtige Temperatur für das Brot.

Auf die Idee, diese hauchdünne Teigplatte mit Crème fraîche, Speck und Zwiebeln zu belegen, kam erst später ein Bauer – und erschuf so, ganz nebenher, den Elsässer Flammkuchen.

Speck & Champignons

BACKZEIT: 6 MINUTEN

VOR DEM BACKEN
4 Pinsa-Böden
200 g Crème fraîche

NACH DEM BACKEN
120 g Speck
160 g Champignons
80 g Kräuterbutter
80 g Wildkräutersalat
120 g Cherrytomaten, halbiert

Den Speck in Streifen schneiden und langsam bei mittlerer Hitze in einer Pfanne im eigenen Fett knusprig braten. Die Champignons trocken putzen, vom Fuß befreien und in dünne Scheiben schneiden. Ebenfalls in einer Pfanne ohne Fett kräftig 4 Minuten anbraten. Dann die Kräuterbutter dazugeben und warm stellen.

Die Pinsa-Böden mit der Crème fraîche bestreichen und im vorgeheizten Ofen nach Anleitung backen, dann aus dem Ofen nehmen.

Den Wildkräutersalat dünn auf dem gebackenen Boden verteilen und anschließend die Champignons, die Cherrytomaten und den Speck daraufgeben.

WISSENSWERTES Bekannte Specksorten sind Lardo, Pancetta, Guanciale, Salo, Schwarzwälder Speck, Südtiroler Speck (im Italienischen kurz Speck genannt) und Walliser Trockenspeck (in Walliserdeutsch kurz Schpäkk genannt).

Speck ist hier der Hauptdarsteller – also hat man die Qual der Wahl. Eher ein Schinkenspeck oder ein Bauchspeck oder doch traditionell Frühstücksspeck aus dem Schweinebauch? Wir haben uns hier – ganz nach italienischer Manier – für Pancetta, die italienische Variante des hiesigen Bauchspecks, entschieden.

Speck, Schinken & Salami

BACKZEIT: 6 MINUTEN

VOR DEM BACKEN

4 Pinsa-Böden
280 g Tomatensauce (Rezept siehe Seite 20)
200 g Mozzarella, in grobe Streifen geschnitten oder grob zerrupft

NACH DEM BACKEN

80 g Speck
80 g rote Zwiebeln
80 g frischer Babyspinat
120 g Prosciutto cotto, in feine Scheiben geschnitten
120 g Salami, in feine Scheiben geschnitten

TOPPING

80 g Crème-fraîche-Topping (Rezept siehe Seite 34)

Die Tomatensauce und das Crème-fraîche-Topping wie auf den Seiten 20 und 34 beschrieben zubereiten.

Den Speck in Streifen schneiden und langsam bei mittlerer Hitze in einer Pfanne im eigenen Fett knusprig braten. Die Zwiebeln in schmale Streifen oder Würfel schneiden – je nach Geschmack. Den Babyspinat waschen und gut trocken schütteln.

Die Tomatensauce bis an den Rand der Pinsa-Böden verteilen, den Mozzarella daraufgeben und die Pinsa im vorgeheizten Ofen nach Anleitung backen, dann aus dem Ofen nehmen.

Als Basis den Babyspinat auf den gebackenen Boden geben, dann Speck, Schinken und Salami gleichmäßig darauf anrichten. Nicht vergessen – am besten ist es, wenn man bei einem Biss alle Komponenten zugleich schmecken kann. Mit Tupfen des Crème-fraîche-Toppings ausgarnieren, es bildet einen schönen Kontrast.

Fleisch satt bei dieser würzigen Pinsa: dreierlei fleischiger Belag mit Speck, Schinken und Salami, dazu noch ein Tomaten-Mozzarella-Mix als perfekte Basis für einen herzhaften Genuss. Als Speck haben wir uns auch hier wieder für Pancetta entschieden. Natürlich kann man aber auch gerne nach Lust und Laune wählen.

Hartnäckig hält sich das Gerücht, man könne Zucchini nicht roh essen – dabei ist das Kürbisgewächs auch ungekocht eine echte Delikatesse und bietet noch dazu viele gesunde Inhaltsstoffe wie Betacarotin, Eisen, Vitamin A und C, Kalium und Ballaststoffe – welche durch das Kochen abgebaut werden würden. Die heute im Handel erhältlichen Sorten sind Züchtungen, die keine Cucurbitacine enthalten (Bitterstoffe, die in Kürbisgewächsen vorkommen können).

Mortadella & Ei

BACKZEIT: 6 MINUTEN

VOR DEM BACKEN

4 Pinsa-Böden
120 g Crème fraîche
80 g Mascarpone
Salz
200 g Mozzarella, in grobe Streifen geschnitten oder grob zerrupft
8 Eier
Zitronensaft

NACH DEM BACKEN

120 g Zucchini
Salz, Pfeffer aus der Mühle
Olivenöl
Zitronensaft
80 g frischer Babyspinat
160 g Mortadella, in feine Scheiben geschnitten

TOPPING

Crema di Balsamico
getrockneter Rosmarin

Die Zucchini in hauchdünne Scheiben schneiden oder mit dem Spiralschneider zu Spaghetti verarbeiten. Mit Salz, Pfeffer, Olivenöl und Zitronensaft abschmecken und zur Seite stellen.
Die Crème fraîche mit dem Mascarpone verrühren und mit Salz abschmecken. Den Babyspinat waschen und trocken schleudern.

Die Pinsa-Böden mit der Crème-fraîche-Mascarpone-Mischung bestreichen und den Mozzarella gleichmäßig darauf verteilen. Pro Boden 2 Eier aufschlagen und auf die Pinsa geben. Alles im vorgeheizten Ofen nach Anleitung backen, dann aus dem Ofen nehmen.

Den Babyspinat auf dem gebackenen Boden verteilen, die Mortadella in Röschen daraufgeben und anschließend die Zucchini darauf verteilen. Mit Crema di Balsamico verfeinern und mit Rosmarin bestreuen.

TIPP Sollte man Zucchini aus dem eigenen Garten verwenden wollen, bitte eine Geschmacksprobe machen: Schmecken sie bitter, unbedingt die Finger davon lassen – die Giftstoffe lassen sich auch nicht durch Kochen eliminieren.

Hähnchenkebab & Tzatziki

BACKZEIT: 5½ MINUTEN

VOR DEM BACKEN
4 Pinsa-Böden
400 g Hähnchenkebab-Fleisch
280 g Mozzarella, in grobe Streifen geschnitten oder grob zerrupft

NACH DEM BACKEN
300 g griechischer Joghurt
2 EL bestes Olivenöl
1 Salatgurke
Salz
2 Knoblauchzehen
Pfeffer aus der Mühle

TOPPING
80 g rote Zwiebeln
1 Bund glatte Petersilie, Blättchen abgezupft

Griechenland pur und mal nicht in der Pitatasche, sondern frisch auf der Pinsa, mit selbst gemachtem Tzatziki und würzigem Hähnchenfleisch.

Die Zwiebeln in feine Ringe schneiden.

Für das Tzatziki den griechischen Joghurt gut mit dem Olivenöl durchrühren. Die Salatgurke schälen, grob raspeln, mit ½ Teelöffel Salz salzen und warten, bis sich Gurkensaft absetzt. In der Zwischenzeit die Knoblauchzehen in den Joghurt pressen. Die trockenen Gurkenraspel durch ein Sieb streichen, zum Joghurt geben und unterrühren. Etwas durchziehen lassen, dann vorsichtig mit Salz und Pfeffer abschmecken. 320 g Tzatziki abwiegen.

Die Pinsa-Böden gleichmäßig mit dem Tzatziki bestreichen und das Hähnchenfleisch darauf verteilen. Zum Schluss mit dem Mozzarella bestreuen und im vorgeheizten Ofen nach Anleitung backen.

Die Pinsa aus dem Ofen nehmen. Mit den Zwiebelringen und den Petersilienblättchen belegen.

TIPP Natürlich kann man auch jede andere Art von Kebabfleisch verwenden – ob nun klassisch, vom Rind oder Kalb bis zu den neuen veganen Varianten als Planted-based Kebab. Wichtig dabei ist, die im Supermarkt gekauften Produkte vor der Verwendung geschmacklich zu testen, da sie häufig überwürzt sind und dadurch die Pinsa schnell zu salzig schmeckt.

Speck & Pecorino

BACKZEIT: 6 MINUTEN

VOR DEM BACKEN
4 Pinsa-Böden
120 g durchwachsener Speck, in Streifen geschnitten
8 Eier
400 ml Sahne
160 g Parmesan, gerieben
Salz, Pfeffer aus der Mühle
Muskatnuss, frisch gerieben
200 g Pecorinocreme (aus dem Supermarkt)
200 g Mozzarella, in grobe Streifen geschnitten oder grob zerrupft

NACH DEM BACKEN
80 g frischer Babyspinat
Salat-Vinaigrette (Rezept siehe Seite 24)

Die Salat-Vinaigrette wie auf Seite 24 beschrieben zubereiten.

Den Speck in einer Pfanne anbraten und zur Seite stellen. Die Eier mit der Sahne und dem Parmesan verquirlen, mit Salz, Pfeffer und Muskat abschmecken, dann den Speck untermischen. Den Babyspinat waschen, gut trocken schleudern und mit der Salat-Vinaigrette abschmecken.

Die Pinsa-Böden mit der Pecorinocreme bestreichen. Den Mozzarella und die Eier-Speck-Masse darauf verteilen und die Pinsa im vorgeheizten Ofen nach Anleitung backen, dann aus dem Ofen nehmen, mit dem Babyspinat belegen und genießen.

Carbonara – kaum eine Spaghetti-Variante ist so bekannt in Europa. Der Legende nach stammt der Name von den Carbonari – Italienisch für Kohlehändler oder Köhler –, die sich in den Mittagspausen Penne mit Speck und geriebenem Käse zubereitet haben sollen. Die bekannten Spaghetti alla Carbonara bedeuten also eigentlich »nach Köhlerart«.

Proscíutto cotto & Salsiccia

BACKZEIT: 6 MINUTEN

VOR DEM BACKEN
4 Pinsa-Böden
280 g Tomatensauce
(Rezept siehe Seite 20)
200 g Mozzarella, in grobe Streifen geschnitten oder grob zerrupft

NACH DEM BACKEN
120 g Salsiccia
Olivenöl
1 Knoblauchzehe, gepresst
Rosmarin, frisch oder getrocknet
80 g rote Zwiebeln
160 g Rucola
160 g Prosciutto cotto, in feine Scheiben geschnitten
80 g Parmesan, gehobelt

TOPPING
40 g grüne Kräutersauce
(Rezept siehe Seite 34)

Die Tomatensauce und die grüne Kräutersauce wie auf den Seiten 20 und 34 beschrieben zubereiten.

Die Salsiccia grob würfeln, in einer Pfanne mit wenig Olivenöl, dem Knoblauch und Rosmarin anbraten, dann zur Seite stellen. Die Zwiebeln in feine Ringe schneiden, den Rucola waschen und gut trocken schütteln.

Die Pinsa-Böden mit der Tomatensauce bestreichen, mit dem Mozzarella bestreuen und im vorgeheizten Ofen nach Anleitung backen, dann aus dem Ofen nehmen.

Zuerst den Rucola und dann Prosciutto, Salsiccia, Zwiebeln und Parmesanspäne gleichmäßig auf dem gebackenen Boden verteilen. Mit der grünen Sauce ausgarnieren und genießen.

Trüffelsalami & Burrata

BACKZEIT: 6 MINUTEN

VOR DEM BACKEN
4 Pinsa-Böden
200 g Mozzarella, in grobe Streifen geschnitten oder grob zerrupft

NACH DEM BACKEN
80 g Tomatenconfit (Rezept siehe Seite 37)
80 g Feldsalat
200 g Trüffelsalami, in feine Scheiben geschnitten
200 g Burrata (etwa 4 Kugeln)

Das Tomatenconfit wie auf Seite 37 beschrieben zubereiten. Den Feldsalat waschen und gut trocken schütteln.

Die Pinsa-Böden mit dem Mozzarella bedecken und im vorgeheizten Ofen nach Anleitung backen, dann aus dem Ofen nehmen. Den gebackenen Boden mit der Trüffelsalami belegen, den Feldsalat darauf verteilen und mit den Tomatenconfit-Hälften garnieren. Zum Schluss die Burrata grob zerrupfen und über der Pinsa verteilen.

TIPP Beim Kauf der Trüffelsalami auf beste Qualität achten – am besten Bio. Die Schweine werden dabei meist in einer natürlichen, ländlichen Umgebung geboren und artgerecht in großen Buchten mit genügend Platz für jedes Tier aufgezogen. Die Rohstoffe sind handwerklich verarbeitet und weitestgehend sehnen- und fettfrei. Besondere Zutaten, wie die schwarzen Trüffel, sollten aus Europa kommen.

Trüffelsalami gibt es seit einigen Jahren in fast jedem gut sortierten Supermarkt zu kaufen – wir haben diese Delikatesse kombiniert mit würzigem Tomatenconfit, frischem Feldsalat und dem herrlich frisch-cremigen Burratakäse.

Sucuk & rote Zwiebeln

BACKZEIT: 6 MINUTEN

VOR DEM BACKEN
4 Pinsa-Böden
280 g Tomatensauce
(Rezept siehe Seite 20)
200 g Mozzarella, in grobe Streifen geschnitten oder grob zerrupft

NACH DEM BACKEN
80 g frischer Babyspinat
80 g rote Zwiebeln
160 g Sucuk, in Scheiben geschnitten
120 g Cherrytomaten, halbiert
80 g Parmesan, gehobelt

Die Tomatensauce wie auf Seite 20 beschrieben zubereiten.

Den Babyspinat waschen und gründlich trocken schleudern. Die Zwiebeln in feine Ringe schneiden und zusammen mit den Sucukscheiben ohne Fett in einer Pfanne anbraten, dann zur Seite stellen.

Die Pinsa-Böden mit der Tomatensauce bestreichen und mit dem Mozzarella gleichmäßig bestreuen. Im vorgeheizten Backofen nach Anleitung backen, dann aus dem Ofen nehmen.

Zuerst den Babyspinat, dann die Sucuk und die Zwiebeln auf dem gebackenen Boden verteilen und anschließend mit den halbierten Tomaten und den Parmesanspänen garnieren.

Sucuk, vor einigen Jahren hierzulande noch eher unbekannt, ist inzwischen in immer mehr heimischen Küchen zu finden. Die kräftig gewürzte Rohwurst aus Rind- oder Kalbfleisch trat ihren Siegeszug von Südosteuropa und hier insbesondere der Türkei aus an und ist zumeist Halal. Dank ihrer kräftigen Würze und ihrer der Cervelat ähnlichen Konsistenz findet sie auch unter den Anhängern der Salami immer mehr Liebhaber.

Ziegenkäse & Pancetta

BACKZEIT: 6 MINUTEN

VOR DEM BACKEN

4 Pinsa-Böden
240 g Bio-Birnen
280 g Mascarpone
160 g Pancetta Arrotolata, in hauchdünnen Scheiben

NACH DEM BACKEN

160 g Ziegenfrischkäse
20 g frische Minzblätter
120 g Granatapfelkerne

Die Birnen halbieren, das Kerngehäuse entfernen und die Birnen ungeschält in kleine Würfel schneiden. Bei Bio-Birnen kann man die Schale auch dran lassen. Den Ziegenkäse in grobe Würfel schneiden. Die Minzblätter waschen und gut trocken schütteln.

Die Pinsa-Böden mit dem Mascarpone bestreichen, die Pancettascheiben daraufgeben und in die Zwischenräume die Birnenwürfel verteilen. Im vorgeheizten Ofen nach Anleitung backen, dann aus dem Ofen nehmen.

Die Granatapfelkerne und den Ziegenkäse auf dem gebackenen Boden verteilen und mit der Minze dekorieren.

Wie schon bei unserem Rezept mit Pancetta und Champignons nutzen wir den in Deutschland bekannteren Pancetta Arrotolata. Hauchdünne Streifen von diesem fettärmeren italienischen Speck kombiniert mit dem cremigen Ziegenkäse und frischem Obst – eine wahre Geschmacksexplosion.

Jetzt wird's »american style«! Selbst gemachtes Pulled Beef im Topf geschmort und dazu als klassische Beilage gerösteter Mais und Bohnen – das zu Cowboyzeiten häufig genutzte Fladenbrot wird hier durch unsere leckere Pinsa ersetzt.

Pulled Beef & Mais & Bohnen

BACKZEIT: 6 MINUTEN

VOR DEM BACKEN

4 Pinsa-Böden
280 g Tomatensauce
(Rezept siehe Seite 20)
200 g Cheddar, gerieben

NACH DEM BACKEN

1 kg Rinderbraten
200 ml Barbecuesauce
1 EL getrockneter Oregano
1 EL Paprikapulver
½ TL gemahlener Kreuzkümmel
1 EL Cayennepfeffer
1 TL Knoblauchpulver
1 EL Zwiebelgranulat
2 Zwiebeln, fein gewürfelt
3 Knoblauchzehen, fein gewürfelt
4 EL Pflanzenöl
500 ml Rinder- oder Gemüsebrühe
je ½ TL Salz und schwarzer Pfeffer aus der Mühle
1 EL Ahornsirup
120 g Mais aus der Dose
120 g Kidneybohnen

TOPPING

4 EL Barbecuesauce
1 Bund glatte Petersilie, Blättchen abgezupft

Den Braten mit der Hälfte der Barbecuesauce und einer Mischung aus Oregano, Paprikapulver, Kreuzkümmel, Cayennepfeffer, Knoblauchpulver und Zwiebelgranulat einreiben und 4 Stunden in Alufolie einwirken lassen.

Eine der gewürfelten Zwiebeln mit dem Knoblauch in einem großen Topf in 2 Esslöffeln Öl anbraten und anschließend den Braten obenauf legen. Mit der Brühe aufgießen und bei geschlossenem Deckel 5 Stunden bei kleiner Hitze garen. Gelegentlich umdrehen und eventuell mit etwas Brühe oder heißem Wasser aufgießen, der Braten sollte nicht im Trockenen liegen.

Den Braten herausnehmen, mit zwei Gabeln längs der Faser zuerst grob und dann nochmals klein auseinanderrupfen. Mit einer Mischung aus Salz, Pfeffer, dem Ahornsirup und der restlichen Barbecuesauce würzen.

Den Mais und die Bohnen im restlichen Öl erhitzen und mit Pfeffer, Salz und der zweiten klein gewürfelten Zwiebel aromatisieren.

Die Pinsa-Böden gleichmäßig mit der Tomatensauce und dem geriebenen Cheddarkäse bedecken und im vorgeheizten Ofen nach Anleitung backen, dann aus dem Ofen nehmen.

Das Pulled Beef auf den gebackenen Boden geben, dann den Mais und die Bohnen darüber verteilen. Zum Abschluss mit der Barbecuesauce und frischen Petersilienblättern garnieren – enjoy!

»Hamburger Style« mit Rinderhack

BACKZEIT: 6 MINUTEN

VOR DEM BACKEN

4 Pinsa-Böden
280 g Tomatensauce (Rezept siehe Seite 20)
200 g Cheddar, gerieben

NACH DEM BACKEN

320 g Rinderhackfleisch
120 g rote Zwiebeln, klein gewürfelt
2 EL Pflanzenöl
Salz, Pfeffer aus der Mühle
Cayennepfeffer
80 g Lauchzwiebeln
120 g Gewürzgurken
160 g Tomaten

TOPPINGS

80 ml Barbecuesauce
80 ml Burgersauce
frische Kräuter, nach Belieben
Zwiebelringe, nach Belieben

Die Tomatensauce wie auf Seite 20 beschrieben zubereiten.

Das Rinderhack mit den Zwiebelwürfeln scharf im Öl anbraten, dann mit Salz, Pfeffer und Cayennepfeffer nach Geschmack würzen. Die Lauchzwiebeln in feine Ringe, die Gewürzgurken in Scheiben und die Tomaten in kleine Würfel schneiden.

Die Pinsa-Böden mit der Tomatensauce bestreichen, mit dem geriebenen Cheddar bestreuen und im vorgeheizten Ofen nach Anleitung backen, dann aus dem Ofen nehmen.

Den gebackenen Boden zuerst mit dem gebratenen Rinderhack belegen und anschließend die übrigen Zutaten gleichmäßig auf der Pinsa verteilen. Mit der Barbecue- und der Burgersauce toppen. Nach Belieben mit frischen Kräutern und Zwiebelringen ausgarnieren.

Amerika lässt grüßen! Hier ist unsere Version eines Burgers mit Tomaten, würzigem Cheddarkäse, saftigem Rinderhackfleisch und diversen Toppings – für den großen Hunger.

Bolognese & Grana Padano

BACKZEIT: 6 MINUTEN

VOR DEM BACKEN
4 Pinsa-Böden
200 g Crème fraîche

NACH DEM BACKEN
320 g Bolognese-Sauce (Rezept siehe Seite 25)
60 g Rucola
120 g Grana Padano

TOPPING
Crème-fraîche-Topping (Rezept siehe Seite 34), nach Belieben

Die Bolognese-Sauce und, falls verwendet, das Crème-fraîche-Topping wie auf den Seiten 25 und 34 beschrieben zubereiten. Die Bolognese-Sauce kann ruhig schon einen Tag im Voraus hergestellt und einfach im Kühlschrank aufbewahrt werden. Wer sich die Mühe nicht machen will, nimmt eine fertige Sauce aus dem Supermarkt. Die Sauce leicht erwärmt bereithalten.

Den Rucola waschen und gut trocken schleudern.

Die Crème fraîche bis zum Rand der Pinsa-Böden verteilen und die Pinsa im vorgeheizten Ofen nach Anleitung backen, dann aus dem Ofen nehmen.

Die warme Bolognese-Sauce auf dem gebackenen Boden verteilen, mit dem Rucola bestreuen und den Grana Padano dünn darüberhobeln. Nach Belieben mit dem Crème-fraîche-Topping garnieren.

WISSENSWERTES Eigentlich ist die Bolognese ein Ragù – abgeleitet vom französischen »ragoût«, der Bezeichnung für Fleisch, das in einer pikanten Sauce geschmort wird.

Heute gibt es in ganz Italien unzählige Varianten für ragù alla bolognese. Jede Familie hat ihre eigene Rezeptur – und die von Mamma ist natürlich immer die beste. Die Accademia Italiana della Cucina hat im Oktober 1982 in der Handelskammer von Bologna ein Originalrezept für ragù alla bolognese eingereicht. Die festgelegten Zutaten sind: grobes Rinderhackfleisch, Pancetta (Bauchspeck vom Schwein), Karotten, Stangensellerie, Zwiebeln, Tomaten, trockener Weißwein, Milch, Gemüsebrühe, Olivenöl oder Butter, Salz und Pfeffer. Auch die Herstellungsart wurde bestimmt. Charakteristisch für die Zubereitung sind das lange Köcheln und die Vielfalt der Techniken für die Herstellung: Es wird angeschwitzt, angebraten, gedünstet und geschmort.

Warum immer nur Spaghetti zur Bolognese-Sauce – die übrigens eigentlich ein Ragù ist? Sie macht sich auch auf der Pinsa ganz hervorragend!

Knuspriger Teig, salziger Schinken, milde Walnüsse, frische Weintrauben und cremigster Käse, das Ganze auf einer leckeren Trüffelsauce – dieses Rezept umfasst alle Geschmacksrichtungen und ist ein Muss für jeden Trüffelliebhaber.

Prosciutto & Trüffelcreme

BACKZEIT: 5½ MINUTEN

VOR DEM BACKEN

4 Pinsa-Böden
60 ml Trüffelsauce oder Trüffelöl
60 g Crème fraîche

NACH DEM BACKEN

80 g Honig
160 g Walnusskerne
120 g grüne Weintrauben
280 g Prosciutto cotto, in feine Scheiben geschnitten
160 g Stracciatella-Käse (alternativ Burrata)

Für die Trüffelcreme die Trüffelsauce oder das Trüffelöl mit der Crème fraîche gründlich verrühren.

Den Honig in einer beschichteten Pfanne erhitzen und die Walnüsse darin so lange schwenken, bis sie leicht karamellisieren. Die Weintrauben halbieren.

Die Pinsa-Böden mit der Trüffelcreme bedecken und im vorgeheizten Ofen nach Anleitung backen, dann aus dem Ofen nehmen.

Die gebackene Pinsa mit dem Prosciutto cotto belegen, dann die karamellisierten Walnüsse und die Weintraubenhälften darauf verteilen. Abschließend mit dem grob zerrupften Stracciatella-Käse oder der Burrata belegen und genießen.

WISSENSWERTES Der Stracciatella-Käse passt hervorragend zum hauchdünn geschnittenen Prosciutto cotto. Stracciatella ähnelt dem Mozzarella, ist jedoch weicher und sahniger, er ist der Käse, der in das Herz der Burrata gefüllt wird. Er besteht aus Mozzarellafäden (»straccia«) und Sahne. Der Geschmack ist süßlich und sehr cremig. Ein herrlicher Frischkäse, der als Belag hier besonders gut passt.

Beim Pulled Beef – also gezupftes Rindfleisch – wird ein gut durchwachsenes Stück Fleisch (z. B. Rindernacken) bei niedrigen Temperaturen zwischen 100–130 Grad gegart (das dauert gut 5 Stunden), bis es butterweich ist und quasi von selbst zerfällt, sodass man es »pullen«, also zerzupfen, kann. Bei unserer Kreation würzen wir das Pulled Beef mit asiatischer Marinade und kombinieren es mit Thai-Basilikum.

Asia Pulled Beef & Thai-Brokkoli

BACKZEIT: 6 MINUTEN

VOR DEM BACKEN

4 Pinsa-Böden
280 g Tomatensauce (Rezept siehe Seite 20)

NACH DEM BACKEN

300 g Pulled Beef (aus dem Supermarkt oder Rezept Seite 112)
80 g Frühlingszwiebeln, klein geschnitten
1 EL Erdnussöl
160 g Thai-Brokkoli
1 EL Sesamöl
80 g rote Paprika (eingelegt, aus dem Glas)

FÜR DIE MARINADE

200 ml Wasser
50 ml salzreduzierte Sojasauce
50 ml Ketjap Manis
50 ml Austernsauce
30 ml Sweet Chili Sauce
2 rote Zwiebeln, gewürfelt
1 EL frisch geriebener Ingwer

TOPPING

40 g geröstete Sesamsamen, nach Belieben

Die Tomatensauce wie auf Seite 20 beschrieben zubereiten.

Um das Rezept zu vereinfachen, wird ein fertiges Pulled Beef aus dem Supermarkt verwendet (man kann aber natürlich auch unser Rezept für Pulled Beef von Seite 112 nutzen). Das Pulled Beef zerzupfen und mit den klein geschnittenen Frühlingszwiebeln im Erdnussöl anbraten.

Alle Zutaten für die Asia-Marinade bei mittlerer Hitze so lange kochen, bis sie leicht dickflüssig wird (etwa 150 ml).

Den Thai-Brokkoli in einzelne Röschen zerteilen und 2 Minuten in kochendes Wasser geben, danach gleich in eiskaltes Wasser legen, um die Farbe zu erhalten und den Garprozess zu stoppen. Dann 1 Minute in dem Sesamöl schwenken.

Die Pinsa-Böden gleichmäßig mit der Tomatensauce bestreichen und im vorgeheizten Ofen nach Anleitung backen, dann aus dem Ofen nehmen.

Das Pulled Beef mit 100 ml der Asia-Marinade gründlich vermischen und auf den gebackenen Boden geben. Dann den Thai-Brokkoli darauf verteilen und mit der klein gezupften eingelegten Paprika ergänzen. Nach Wunsch mit dem Rest der Marinade und geröstetem Sesam garnieren.

Salsiccia & Scamorza

BACKZEIT: 6 MINUTEN

VOR DEM BACKEN
4 Pinsa-Böden
280 g Tomatensauce
(Rezept siehe Seite 20)
80 g rote Zwiebeln
200 g Mozzarella, in grobe Streifen geschnitten oder grob zerrupft

NACH DEM BACKEN
60 g Wildkräutersalat
200 g Salsiccia
4 Lorbeerblätter
2 Knoblauchzehen, gepresst
Pfeffer aus der Mühle
1½ Gläser trockener Weißwein
160 g Scamorza

TOPPING
80 g Crème-fraîche-Topping

Die Tomatensauce wie auf Seite 20 beschrieben zubereiten.

Die Zwiebeln in dünne Ringe schneiden, den Salat waschen und trocken schleudern. Die Salsiccia in grobe Würfel schneiden und ohne Zugabe von Fett in einer Pfanne zusammen mit den Lorbeerblättern und dem gepressten Knoblauch bei niedriger Temperatur braten. Ab und an wenden. Wenn die Salsiccia knusprig wird, mit Pfeffer abschmecken und mit dem Wein ablöschen. Sobald die Flüssigkeit komplett verdampft ist, die Salsiccia aus der Pfanne nehmen und zur Seite stellen. Den Scamorza grob hobeln.

Die Pinsa-Böden mit der Tomatensauce bestreichen und den Mozzarella und die Zwiebelringe gleichmäßig darauf verteilen. Die Pinsa im vorgeheizten Backofen nach Anleitung backen, dann aus dem Ofen nehmen.

Erst den Salat auf dem gebackenen Boden verteilen, dann die Salsiccia und den Scamorza daraufgeben und mit dem Crème-fraîche-Topping verfeinern.

Salami Piccante & Gorgonzola

BACKZEIT: 6 MINUTEN

VOR DEM BACKEN

4 Pinsa-Böden
120 g Gorgonzola
320 g Mozzarella
120 g scharfe Salami, in Scheiben geschnitten

NACH DEM BACKEN

80 g Champignons
120 g frischer Babyspinat

TOPPING

30 ml Crema di Balsamico, nach Belieben

Die Champignons putzen und in feine Scheiben schneiden, den Spinat waschen und gut trocken schleudern. Den Gorgonzola in grobe Würfel, den Mozzarella in grobe Streifen schneiden oder grob zerrupfen.

Die Pinsa-Böden mit dem Mozzarella und den Salamischeiben belegen, dann den Gorgonzola gleichmäßig darauf verteilen. Die Pinsa im vorgeheizten Backofen nach Anleitung backen, dann aus dem Ofen nehmen.

Erst den Babyspinat und dann die Champignonscheiben gleichmäßig auf dem gebackenen Boden verteilen. Nach Belieben Crema di Balsamico in feinen Streifen darauf verteilen. Die Pinsa anrichten – und genießen!

Mortadella & Büffelmozzarella

BACKZEIT: 6 MINUTEN

VOR DEM BACKEN

4 Pinsa-Böden
120 g Büffelmozzarella

NACH DEM BACKEN

120 g Feldsalat
40 g frischer Majoran
80 ml Olivenöl
160 g rote Paprika (gegrillt; entweder frisch aus der Antipasti-Theke oder aus dem Glas)
320 g Mortadella, in hauchdünne Scheiben geschnitten
80 g Parmesan, gehobelt
160 g Burrata

TOPPING

Crema di Balsamico, nach Belieben
Pistazienkerne, grob gemahlen, nach Belieben

Den Feldsalat waschen und gut trocken schleudern. Mit dem Majoran und dem Olivenöl mischen und beiseitestellen. Die Paprika abgießen, trocken tupfen und in Streifen schneiden. Die Mortadella in einer Pfanne ohne Zugabe von Öl anbraten.

Den Büffelmozzarella in Stücke reißen und auf den Pinsa-Böden verteilen. Die Pinsa im vorgeheizten Backofen nach Anleitung backen, dann aus dem Ofen nehmen.

Erst die Mortadella und den Feldsalat abwechselnd auf dem gebackenen Boden verteilen, dann die Paprikastreifen und die Parmesanspäne daraufgeben. Zum Schluss die Burrata klein reißen und darauf verteilen. Wer mag, kann auch noch Balsamicocreme in feinen Streifen und – passend zur Mortadella – als optisches Highlight grob gemahlene Pistazienkerne auf der Pinsa verteilen.

WISSENSWERTES Mortadella di Bologna ist eine italienische Brühwurstspezialität, die original aus den Regionen Emilia-Romagna, Piemont, Lombardei, Toskana, Venetien, Marken, Latium oder Trentino stammt. Kommt sie von hier, erhält sie auch das begehrte IGP-Siegel. In ihrer Ur-Form besteht sie aus gewolftem Schweinefleisch, angereichert mit Gewürzen und Speckwürfeln. Ihr Name stammt von den Myrtenbeeren, mit denen die Mortadella vor der Verbreitung des schwarzen Pfeffers in Europa gewürzt wurde.

Auch bei uns ist Mortadella erhältlich, dann natürlich ohne den Zusatz »di Bologna«.
Hier dürfen dann auch andere Fleischsorten verwendet werden.

Am bekanntesten ist – und unserer Meinung nach am besten – die Mortadella mit Pistazien. Hauchdünn geschnitten, ist sie einfach wunderbar, kalt und sogar warm. Achtung: Beim Anbraten immer darauf achten, dass die Mortadella – dünn wie sie ist – nicht verbrennt.

So stellt man sich die echte Cowboy-Männer-Pinsa vor – geschlechterneutral kann man hierzu gut behaupten: Dieses ist eine herzhafte, aromareiche und deftige Pinsa für den richtigen Hunger oder »the american dream«: rosa gebratenes Rind auf einer würzig-fruchtigen Sauce und allerlei noch dazu – ENJOY!

BBQ-Rinderhüfte & Cheddar

BACKZEIT: 6 MINUTEN

VOR DEM BACKEN

- 4 Pinsa-Böden
- 160 g Tomatensauce (Rezept siehe Seite 20)
- 160 ml Barbecuesauce
- 120 g Tomatenwürfel
- 240 g Cheddar, gerieben

NACH DEM BACKEN

- 400 g Rinderhüfte
- 2 EL Butterschmalz
- 80 g Speck, in Streifen geschnitten
- 80 g frischer Babyspinat
- 80 g Mais aus der Dose
- 120 g Kidneybohnen
- 1 EL Steakpfeffer

Die Tomatensauce wie auf Seite 20 beschrieben zubereiten.

Die Rinderhüfte auf beiden Seiten im Butterschmalz 3–4 Minuten braten (für ein Steak von 3 cm; je 1 cm mehr 1 Minute länger braten). Herausnehmen, in Alufolie wickeln und mindestens 2 Minuten ruhen lassen. In der gleichen Pfanne die Speckstreifen knusprig braten und auf einem Küchenpapier abtropfen lassen. Den Babyspinat waschen und gut trocken schleudern.

Für die Pinsa-Böden die Tomatensauce mit der Barbecuesauce und den Tomatenwürfeln verrühren und diese gleichmäßig auf die Böden geben. Mit dem Cheddarkäse bestreuen und im vorgeheizten Ofen nach Anleitung backen, dann aus dem Ofen nehmen.

Die Rinderhüfte in schmale Streifen schneiden und auf den gebackenen Boden geben. Dann Mais, Bohnen, Babyspinat und Speckstreifen darauf verteilen. Mit dem Steakpfeffer würzen.

TIPP Für ein perfektes Bratergebnis die Rinderhüfte mindestens 30 Minuten vor dem Braten aus dem Kühlschrank nehmen, damit sie Zimmertemperatur annimmt. Die Rinderhüfte mit einem Küchenkrepp abtupfen, bevor sie in die Pfanne kommt – so vermeidet man Fettspritzer. Das Fleisch nur wenden, wenn es sich leicht vom Pfannenboden lösen lässt. Niemals zum Wenden eine Gabel benutzen, da beim Einstechen wertvoller Fleischsaft verloren geht.

Pancetta & Champignons

BACKZEIT: 6 MINUTEN

VOR DEM BACKEN
4 Pinsa-Böden
320 g Tomatensauce
(Rezept siehe Seite 20)
80 g Champignons
320 g Mozzarella, in grobe Streifen geschnitten oder grob zerrupft
160 g Pancetta, in Scheiben geschnitten

NACH DEM BACKEN
80 g Rucola

TOPPING
40 ml Crema di Balsamico

Die Tomatensauce wie auf Seite 20 beschrieben zubereiten.

Die Champignons putzen und in dünne Scheiben schneiden. Den Rucola waschen und trocken schleudern.

Die Pinsa-Böden mit der Tomatensauce bestreichen. Erst den Mozzarella, dann die Pancettascheiben gleichmäßig darauf verteilen. Die Pinsa im vorgeheizten Backofen nach Anleitung backen, dann aus dem Ofen nehmen.

Den Rucola gleichmäßig auf dem gebackenen Boden verteilen, mit der Crema di Balsamico verfeinern und servieren.

Pancetta – italienischer Bauchspeck, der nicht wie in Deutschland üblich geräuchert, sondern luftgetrocknet wird – ist italienische Lebensart. Es gibt ihn in diversen Variationen, als Würfel oder Streifen, zum Beispiel in Spaghetti Carbonara, oder hauchfein in Scheiben geschnitten als Antipasto. Pancetta Arrotolata, wie sie in Danielas Heimat, ganz im Norden Italiens, hergestellt wird, wird aufgerollt und in Därme abgefüllt – hierdurch erhält sie ihr typisch spiralförmiges Aussehen. Sie ist weniger fettig als die Pancetta Stesa/Tesa, die eher im Süden Italiens bevorzugt wird. Diese Pancetta Stesa/Tesa ist es, die für die berühmten Spaghetti Carbonara verwendet wird. Wir haben uns hier für hauchdünne Scheiben der Pancetta Arrotolata entschieden, welche in Deutschland sehr viel verbreiteter ist.

Pancetta & Büffelmozzarella

BACKZEIT: 6 MINUTEN

VOR DEM BACKEN
4 Pinsa-Böden
320 g Steinpilzcreme (aus dem Supermarkt; alternativ siehe Tipp)
200 g Büffelmozzarella

NACH DEM BACKEN
80 g frischer Babyspinat
40 g Cherrytomaten, halbiert
200 g Pancetta, in hauchdünne Scheiben geschnitten
2 Kugeln Burrata

Den Babyspinat waschen und gut trocken schleudern. Aus den Tomaten ein Confit wie auf Seite 37 beschrieben zubereiten.

Die Pinsa-Böden mit der Steinpilzcreme bestreichen. Den Büffelmozzarella in Würfel schneiden oder klein reißen und gleichmäßig auf der Pinsa verteilen. Die Pinsa im vorgeheizten Backofen nach Anleitung backen, dann aus dem Ofen nehmen.

Den Babyspinat und das Tomatenconfit auf dem gebackenen Boden verteilen. Dann die Pancettascheiben daraufgeben. Zum Schluss die Burrata in Stückchen reißen und ebenfalls darauf verteilen.

TIPP Für alle jene, die ihre Steinpilzcreme lieber selbst herstellen möchten:

300 g Steinpilze
1 Schalotte
4 EL Olivenöl
Salz, Pfeffer aus der Mühle
3 Eier
2 EL Joghurt
2 EL Sahne

Die Pilze mit einem feuchten Tuch reinigen und in Scheiben schneiden. Die Schalotte fein hacken und in einer Pfanne im erhitzten Olivenöl anbraten. Die Steinpilze hinzufügen, mit Salz und Pfeffer würzen und alles bei mittlerer Hitze etwa 15 Minuten braten.

Die Eier mit dem Joghurt und der Sahne verrühren, mit Salz und Pfeffer würzen, zu den Pilzen geben und 3–4 Minuten bei mittlerer Hitze unter gelegentlichem Umrühren zu einer cremigen Masse werden lassen.

Prosciutto di San Daniele – neben Polenta DIE Erinnerung aus Danielas Kindheit. Und eine ewige Quelle des Streits zwischen Parma und San Daniele. Natürlich – Danielas Familie stammt aus dem Umland von San Daniele, und wie in Italien üblich, war es schon immer ein ungeschriebenes Gesetz, dass ausschließlich dieser Prosciutto auf den Teller kommt und – natürlich – der beste der Welt ist!

Prosciutto di San Daniele & Parmesan

BACKZEIT: 6 MINUTEN

VOR DEM BACKEN

4 Pinsa-Böden
280 g Tomatensauce (Rezept siehe Seite 20)
200 g Mozzarella, in grobe Streifen geschnitten oder grob zerrupft

NACH DEM BACKEN

120 g Rucola
200 g Prosciutto di San Daniele
80 g Parmesan, gehobelt

TOPPING

40 ml Crema di Balsamico

Die Tomatensauce wie auf Seite 20 beschrieben zubereiten. Den Rucola waschen und gut trocken schütteln.

Die Pinsa-Böden mit der Tomatensauce bestreichen. Den Mozzarella gleichmäßig darauf verteilen. Die Pinsa im vorgeheizten Backofen nach Anleitung backen, dann aus dem Ofen nehmen.

Den Rucola gleichmäßig auf dem gebackenen Boden verteilen, den Prosciutto in kleinen Röschen daraufgeben und mit den Parmesanspänen bestreuen. Mit der Crema di Balsamico als Topping verfeinern.

WISSENSWERTES Die tatsächlich messbaren Unterschiede zwischen Parmaschinken und Prosciutto di San Daniele liegen in der Reifezeit (San Daniele muss mindestens 1 Jahr und 30 Tage reifen, Parma hingegen nur 10 Monate), im Gewicht des Einzelschenkels (Parma 10 Kilogramm, San Daniele 12 Kilogramm), in der Salzart (Parma verwendet zwei Meersalzarten – trockenes für mageres Fleisch und feuchtes für die Rinde –, während San Daniele nur eine Salzart einsetzt, diese jedoch über einen Pressvorgang schneller ins Fleisch einarbeitet). Der wichtigste Unterschied liegt wohl aber darin, dass Parmaschinken hervorragend warm schmeckt, während Prosciutto di San Daniele seine Stärken in der kalten Küche – also zum Beispiel als Belag auf unserer Pinsa – am besten zur Geltung bringt.

Pastirma & Büffelmozzarella

BACKZEIT: 6 MINUTEN

VOR DEM BACKEN
4 Pinsa-Böden
280 g Tomatensauce
(Rezept siehe Seite 20)
200 g Mozzarella, in grobe Streifen geschnitten oder grob zerrupft

NACH DEM BACKEN
80 g Rucola
120 g Cherrytomaten, halbiert
160 g Pastirma
120 g Burrata

Auch wenn viele zunächst an einen Schreibfehler denken – Pastirma ist nicht Pastrami! Pastirma ist eine Variante von Rinderdörrfleisch, welches vorrangig aus Ländern des ehemaligen osmanischen Reiches stammt.

Die Tomatensauce wie auf Seite 20 beschrieben zubereiten.

Den Rucola waschen und gut trocken schleudern, aus den Tomaten ein Confit wie auf Seite 37 beschrieben herstellen.

Die Pinsa-Böden mit der Tomatensauce bestreichen. Den Mozzarella gleichmäßig darauf verteilen. Die Pinsa im vorgeheizten Backofen nach Anleitung backen, dann aus dem Ofen nehmen.

Den Rucola gleichmäßig auf dem gebackenen Boden verteilen, dann erst das Pastirma in kleinen Röschen und dann das Tomatenconfit gleichmäßig daraufgeben. Am Schluss die Burrata in kleine Stücke reißen und auf der Pinsa verteilen.

WISSENSWERTES Früher gab es Pastirma auch aus Hammel- oder Ziegenfleisch, durchgesetzt hat sich aber die Variante aus Rinderfleisch. Besonders hochwertiges Pastirma stammt beispielsweise vom Filet oder dem sogenannten Roastbeef (Hochrippe). Es gibt aber auch etwas günstigere Alternativen aus der Schulter oder der Keule.

Wie bei der Pinsa selbst ranken sich um die Herkunft und die ursprünglichen Herstellungsweisen von Pastirma diverse Geschichten. Heute wird Pastirma jedoch eher industriell hergestellt und über die Zugabe von Salz und ausreichend Druck seiner Feuchtigkeit beraubt. Anschließend darf es mehrere Tage abhängen und wird dann mit einer Gewürzmischung namens Çemen (Tomatenmark, Paprikapulver, Nelken, Salz und Zimt, auch Kreuzkümmel, Bockshornklee, Piment, Salz und Knoblauch) eingerieben, die dann wieder einige Tage einwirken darf. Die Herstellung dauert etwa vier Wochen, wobei es Varianten gibt, die wohl bis zu vier Monate trocknen dürfen.

Schon in den Werken von Cicero soll es Hinweise auf die Salsiccia gegeben haben. Aber bis heute beanspruchen diverse Regionen Italiens die Erfindung der Salsiccia für sich. Sie ist eine Art grobe Bratwurst aus fettem und magerem, gesalzenem, gehacktem Fleisch, das je nach regionaler Herkunft mit Knoblauch, Fenchel, Koriander, Paprika, Muskatnuss und/oder Zucker gewürzt und mit Wein vermischt in einen Naturdarm gegeben wird. Man kann sie grillen, aus dem Darm drücken und in Risotto verarbeiten oder, wie für unser Rezept, in Scheiben geschnitten anbraten.

Pesto & Salsiccia

BACKZEIT: 6 MINUTEN

VOR DEM BACKEN

4 Pinsa-Böden
280 g Mozzarella, in grobe Streifen geschnitten oder grob zerrupft

NACH DEM BACKEN

200 g Salsiccia
2 Lorbeerblätter
2 Knoblauchzehen, gepresst
½ Glas trockener Weißwein
80 g Büffelmozzarella

TOPPING

80 g Pesto
40 ml Crema di Balsamico, nach Belieben

Die Salsiccia in Scheiben schneiden und zusammen mit den Lorbeerblättern und dem gepressten Knoblauch bei niedriger Temperatur anbraten. Ab und zu wenden. Mit dem Wein ablöschen.

Die Pinsa-Böden mit dem Mozzarella bestreuen und im vorgeheizten Backofen nach Anleitung backen, dann aus dem Ofen nehmen.

Den Büffelmozzarella gleichmäßig zerreißen und auf dem gebackenen Boden verteilen. Die Salsiccia aus der Pfanne nehmen und auf der Pinsa verteilen. Das Pesto mit einem Löffel in kleinen Klecksen auf der Pinsa verteilen und nach Belieben mit der Crema di Balsamico verfeinern.

Bifteki & Ziegenkäse

BACKZEIT: 6 MINUTEN

VOR DEM BACKEN

4 Pinsa-Böden
280 g Kräuter-Crème-fraîche
160 g Mozzarella, in grobe Streifen geschnitten oder grob zerrupft

NACH DEM BACKEN

80 g getrocknete Tomaten in Öl
160 g Ziegenkäse
120 g lila Oliven, halbiert
1 Bund glatte Petersilie, Blättchen abgezupft

TOPPING

1 Zwiebel
1 Knoblauchzehe
1 Tomate
150 g Rinderhackfleisch
2 EL Paniermehl
1 Ei
Salz, Pfeffer aus der Mühle
1 gestrichener EL getrockneter Oregano
2 EL Olivenöl

Für die Bifteki die Zwiebel und den Knoblauch fein würfeln. Die Tomate vom Stielansatz und dem Kerngehäuse befreien und würfeln. Das Hackfleisch zusammen mit Zwiebel, Knoblauch, Paniermehl und Ei in eine Schüssel geben und zu einer homogenen Masse vermengen. Die Tomatenwürfel dazugeben, mit Salz, Pfeffer und getrocknetem Oregano abschmecken und noch einmal gut vermischen. Aus der Masse etwa 2 cm dicke und 8 cm lange Röllchen formen. Die Röllchen dann in der Pfanne im Öl gut durchbraten.

Die getrockneten Tomaten trocken tupfen und klein schneiden.

Die Kräuter-Crème-fraîche und den Mozzarella gleichmäßig auf den Pinsa-Böden verteilen und die Pinsa im vorgeheizten Backofen nach Anleitung backen, dann aus dem Ofen nehmen.

Die Bifteki längs halbieren und je drei Stück auf den gebackenen Böden verteilen. Den Ziegenkäse in kleine Stücke zerteilen und in die Zwischenräume legen. Mit den getrockneten Tomatenstücken, den halbierten Oliven und den Petersilienblättern garnieren.

So typisch schmeckt Griechenland – unsere selbst gemachten Bifteki (griechische Hackfleischröllchen) zusammen mit dem cremigen Ziegenkäse und Oliven: Καλή όρεξη oder Kalí órexi – guten Appetit.

Prosciutto cotto & Salami

BACKZEIT: 6 MINUTEN

VOR DEM BACKEN
4 Pinsa-Böden
280 g Tomatensauce
(Rezept siehe Seite 20)
200 g Mozzarella, in grobe Streifen geschnitten oder grob zerrupft

NACH DEM BACKEN
120 g Champignons
80 g getrocknete Tomaten in Öl
80 g rote Paprika (gegrillt; entweder frisch aus der Antipasti-Theke oder aus dem Glas)
20 g glatte Petersilie
160 g Prosciutto cotto, in Scheiben geschnitten
160 g Salami, in Scheiben geschnitten

Die Tomatensauce wie auf Seite 20 beschrieben zubereiten.

Die Champignons putzen und in Scheiben schneiden. Die getrockneten Tomaten und die gegrillte Paprika klein schneiden. Die Petersilie waschen, gut trocken schütteln und klein schneiden.

Die Pinsa-Böden mit der Tomatensauce bestreichen. Den Mozzarella darauf verteilen.
Die Pinsa im vorgeheizten Backofen nach Anleitung backen, dann aus dem Ofen nehmen.

Den Prosciutto und die Salami gleichmäßig in Röschen auf dem gebackenen Boden verteilen. Dann Champignons, getrocknete Tomaten, Paprika und Petersilie darübergeben und genießen.

Bei einer Pizza würde dieser Belag als »Quattro Stagioni« bezeichnet werden, jedes Pizzaviertel anders veredelt die vier Jahreszeiten darstellen.

Prosciutto cotto & Champignons

BACKZEIT: 6 MINUTEN

VOR DEM BACKEN
4 Pinsa-Böden
280 g Tomatensauce
(Rezept siehe Seite 20)
200 g Mozzarella, in grobe Streifen
geschnitten oder grob zerrupft

NACH DEM BACKEN
80 g frischer Babyspinat
160 g Champignons
200 g Prosciutto cotto, in hauchdünne
Scheiben geschnitten

TOPPING
40 g Béchamelsauce
(Rezept siehe Seite 20)

Die Tomatensauce und die Béchamelsauce wie auf der Seite 20 beschrieben zubereiten.
Die Béchamel in eine Squeeze-Flasche geben.

Den Babyspinat waschen, trocken schleudern und grob zerkleinern. Die Champignons putzen und in hauchdünne Scheiben schneiden.

Die Pinsa-Böden mit der Tomatensauce bestreichen. Den Mozzarella gleichmäßig darauf verteilen. Die Pinsa im vorgeheizten Backofen nach Anleitung backen, dann aus dem Ofen nehmen.

Erst den Babyspinat und dann die Champignons und den Prosciutto auf den gebackenen Boden geben. Mit Streifen der Béchamelsauce verfeinern.

Prosciutto cotto – das Gegenstück zum Prosciutto crudo, wie zum Beispiel dem bekannten Parmaschinken – ist das italienische Pendant zum deutschen Kochschinken. Hergestellt aus Schweinefleisch, unterliegt er jedoch keiner genauen Herkunftsbezeichnung, wird in allen Teilen Italiens hergestellt und in vielfacher Form angeboten. Allen gemeinsam ist jedoch, dass auch ein Prosciutto cotto hauchdünn geschnitten sein muss, um sein volles Aroma auszuschöpfen – dann ist er sowohl warm wie auch kalt ein echter Genuss.

BBQ-Salsiccia & Ei

BACKZEIT: 6 MINUTEN

VOR DEM BACKEN
4 Pinsa-Böden
160 g Tomatensauce
(Rezept siehe Seite 20)
160 g BBQ-Dip
(Rezept siehe Seite 27)
1 Bund Oregano, frisch gehackt
80 g Zucchini
80 g rote Paprika
Olivenöl zum Braten
320 g Salsiccia
160 g Scamorza
4 Bio-Eier

NACH DEM BACKEN
80 g Wildkräutersalat

TOPPING
40 ml Crème-fraîche-Topping

Die Tomatensauce und den BBQ-Dip wie auf den Seiten 20 und 27 beschrieben zubereiten und mit dem frisch gehackten Oregano vermengen.

Die Zucchini und die Paprikaschote dünn hobeln und kurz in heißem Olivenöl leicht anbräunen, dann auf einem sauberen Küchentuch ablegen, um das überschüssige Fett zu entfernen. Den Wildkräutersalat waschen und gut trocken schleudern.

Das Saucengemisch auf der Pinsa verteilen. Die Salsiccia aus dem Darm drücken und in kleinen Stücken auf der Pinsa verteilen, dann die Zucchini-Paprika-Mischung daraufgeben. Zum Schluss die Eier aufschlagen und jeweils in die Mitte jedes Pinsa-Bodens geben. Die Pinsa im vorgeheizten Ofen nach Anleitung backen, dann aus dem Ofen nehmen.

Den gebackenen Boden mit dem Wildkräutersalat und dem Crème-fraîche-Topping garnieren.

Eine Pinsa voll mit italienischen Aromen – rauchig-frische Tomatensauce, würziger Scamorza und die italienische Ur-Wurst Salsiccia, getoppt mit Zucchini und Paprika. Eine wahre Geschmacksexplosion auf knusprig-luftigem Pinsa-Boden für die Liebhaber der herzhaften Varianten.

MERLUZZI
CUOCCIO
POLIPI VERACI VIVI

FISCH

Gamberetti & rote Zwiebeln

BACKZEIT: 6 MINUTEN

VOR DEM BACKEN
4 Pinsa-Böden
280 g Tomatensauce
(Rezept siehe Seite 20)
200 g Mozzarella, in grobe Streifen geschnitten oder grob zerrupft

NACH DEM BACKEN
120 g Büffelmozzarella
120 g Cherrytomaten
Salz
120 g Rucola
1 EL Butter
2 EL gehackter Knoblauch
240 g King Prawns (Garnelen)
1 EL getrockneter Dill, nach Belieben
80 g rote Zwiebeln

Die Tomatensauce wie auf Seite 20 beschrieben zubereiten.

Den Büffelmozzarella grob zerreißen. Aus den Cherrytomaten ein Tomatenconfit wie auf Seite 37 beschrieben zubereiten und mit Salz würzen. Den Rucola waschen und trocken schütteln.

Die Butter in einer Pfanne schmelzen. Den Knoblauch dazugeben. Dann die Garnelen zufügen und mit anbraten. Nach Belieben mit Dill würzen. Die Zwiebeln in Ringe schneiden, zu den Garnelen geben und mit anbraten.

Die Pinsa-Böden mit der Tomatensauce bestreichen und mit dem Mozzarella bestreuen.
Die Pinsa im vorgeheizten Backofen nach Anleitung backen, dann aus dem Ofen nehmen.

Erst den Rucola gleichmäßig auf dem gebackenen Boden verteilen und dann die Garnelen, den Büffelmozzarella und das Tomatenconfit daraufgeben.

Lachs & Champignons

BACKZEIT: 6 MINUTEN

VOR DEM BACKEN

4 Pinsa-Böden
1 rote Zwiebel
2 Knoblauchzehen
2 Avocados
200 g Ricotta
4 Stängel Rosmarin, Nadeln abgezupft
Salz, Pfeffer aus der Mühle
150 g Parmesan
100 g Ziegenkäse

NACH DEM BACKEN

25 rote Weintrauben
2 Handvoll Rucola
80 g Champignons
150 g geräucherter Lachs, klein geschnitten
Sonnenblumenkerne
Kürbiskerne

TOPPING

Olivenöl
Crema di Balsamico

Die Weintrauben halbieren. Die Zwiebel in dünne Ringe, den Knoblauch in feine Scheiben schneiden. Den Rucola waschen und gut trocken schütteln. Die Avocados halbieren, entkernen und in Streifen schneiden. Die Champignons putzen und in Scheiben schneiden.

Den Ricotta mit dem Knoblauch verrühren und mit Rosmarin, Salz und Pfeffer würzen. Den Parmesan reiben, den Ziegenkäse grob zerkrümeln.

Die Pinsa-Böden mit dem angerührten Ricotta bestreichen. Die Avocadostreifen und die Zwiebelringe darauf verteilen, dann den Parmesan und den Ziegenkäse gleichmäßig darüberstreuen. Die Pinsa im vorgeheizten Backofen nach Anleitung backen, dann aus dem Ofen nehmen.

Den Rucola gleichmäßig auf dem gebackenen Boden verteilen. Mit halbierten Weintrauben, Champignons, Lachs, Sonnenblumen- und Kürbiskernen toppen. Mit Olivenöl und Crema di Balsamico verfeinern.

Sardellen & Oliven

BACKZEIT: 6 MINUTEN

VOR DEM BACKEN

4 Pinsa-Böden
280 g Tomatensauce
(Rezept siehe Seite 20)
200 g Mozzarella, in grobe Streifen geschnitten oder grob zerrupft

NACH DEM BACKEN

80 g grüne Oliven
80 g Sardellen
20 g Kapern

TOPPING

40 g Béchamelsauce (Rezept siehe Seite 20), nach Belieben

Die Tomatensauce und, falls verwendet, die Béchamelsauce wie auf der Seite 20 beschrieben zubereiten. Die Oliven in Ringe schneiden.

Die Pinsa-Böden mit der Tomatensauce bestreichen. Den Mozzarella gleichmäßig darauf verteilen. Die Pinsa im vorgeheizten Backofen nach Anleitung backen, dann aus dem Ofen nehmen.

Die Sardellen nach Belieben längs halbieren oder ganz lassen und auf dem gebackenen Boden verteilen. Dann die Oliven und die Kapern auf der Pinsa verteilen. Nach Belieben mit der Béchamel in dünnen Streifen ausgarnieren.

TIPP Wir geben die Béchamelsauce immer gern in kleine Squeeze-Fläschchen – so kann sie auch schön vorbereitet werden, und wenn man mal zu viel davon hat, kann man sie im Kühlschrank toll aufbewahren.

Tintenfisch & grüner Spargel

BACKZEIT: 5½ MINUTEN

VOR DEM BACKEN
4 Pinsa-Böden
280 g Kräuter-Crème-fraîche
½ Limette, Saft

NACH DEM BACKEN
600 g frischer Tintenfischarm
(am besten frisch vom Fischhändler)
2 EL Olivenöl
Zitronensaft zum Beträufeln
160 g dünne grüne Spargelstangen
80 g Lauchzwiebeln, in dünne
Scheiben geschnitten
40 g Feldsalat

TOPPING
120 g Rote-Bete-Topping
(Rezept siehe Seite 32)

Wer kennt sie nicht, die Delikatesse vom Griechen, Spanier oder Italiener: Tintenfisch, auch Oktopus oder Pulpo genannt. Zugegeben, das ist vielleicht nicht für jeden ein Genuss, die Liebhaber dieser Spezialität aus dem Mittelmeerraum aber werden diese Pinsa lieben. Kalí órexi, buen provecho, buon appetito – oder guten Appetit!

Das Rote-Bete-Topping wie auf Seite 32 beschrieben zubereiten.

Den Tintenfisch unter fließendem Wasser gut abspülen und wie im Tipp beschrieben garen. Anschließend in wenig Olivenöl von allen Seiten etwa 1 Minute kräftig anbraten, dann mit Zitronensaft beträufeln und kurz warm stellen, aber nicht mehr kochen lassen.

Den grünen Spargel in kochendem Wasser nur 3 Minuten garen, dann herausnehmen und warm stellen. Den Feldsalat gründlich waschen und gut trocken schütteln.

Die Kräuter-Crème-fraîche mit dem Limettensaft verrühren und auf die Pinsa-Böden streichen. Die Pinsa im vorgeheizten Backofen nach Anleitung backen, dann aus dem Ofen nehmen.

Den Oktopus und den Spargel in 2 cm breite Stücke schneiden, nochmals 1 Minute in dem restlichen Öl erhitzen und auf dem gebackenen Boden verteilen. Mit Lauchzwiebeln und Feldsalat belegen und mit der Rote-Bete-Sauce dekorieren.

TIPP Bei der hier angegebenen Menge den Tintenfisch mit 1 Liter Wasser in einen Topf geben und bei mittlerer Hitze 45–60 Minuten kochen. Wenn er größer ist und mehr als 1 Kilogramm wiegt, kann es auch etwas länger dauern. Der Tintenfisch sollte immer nur gerade mit Wasser bedeckt sein, gegebenenfalls etwas kochendes Wasser zugeben, damit er nicht am Topfboden anbrennt. Salz braucht man nicht. Bald verändert der Tintenfisch seine Konsistenz und Farbe – er wird fester und rötlich. Nach etwa 45 Minuten mit einer Gabel auf die Zartheit prüfen. Der Tintenfisch ist fertig, wenn er fast von der Gabel fällt.

Asia Lachs & Frühlingszwiebeln

BACKZEIT: 6 MINUTEN

VOR DEM BACKEN
4 Pinsa-Böden
160 g Mascarpone
20 ml Sahne
20 g Wasabipaste
300 g frisches Lachsfilet

NACH DEM BACKEN
80 g Frühlingszwiebeln
80 ml Sweet Chili Sauce
80 g eingelegter Sushi-Ingwer

TOPPING
1 Bund Koriander, Blättchen abgezupft
40 g geröstete Sesamsamen

Diese Asia-Pinsa verbindet die Mascarponecreme mit den süß-scharfen Aromen der Sauce auf frischem Lachsfilet – dieses eignet sich besonders gut zum Mitbacken und ist auch noch super gesund!

Den Mascarpone mit der Sahne und der Wasabipaste gut verrühren. Den Lachs abbrausen und trocken tupfen, dann quer in 2 cm breite Streifen schneiden. Die Frühlingszwiebeln in feine Ringe schneiden, die Korianderblätter waschen, trocknen und grob schneiden.

Die Pinsa-Böden großzügig mit der Mascarponecreme bestreichen und den Lachs darauf verteilen. Die Pinsa im vorgeheizten Backofen nach Anleitung backen, dann aus dem Ofen nehmen.

Die Frühlingszwiebelringe auf dem gebackenen Boden verteilen. Mit der Sweet Chili Sauce würzen. Zum Schluss den Ingwer auf die Pinsa geben. Mit den Korianderblättchen und dem Sesam bestreuen.

TIPP Ernährungsexperten raten, mindestens zweimal pro Woche Fisch zu essen. Erstaunlich: Bereits 15 Gramm Lachs – also quasi ein einziger Bissen – decken den Tagesbedarf von 500 mg Omega-3-Fettsäuren ab. Lachs sorgt mit seinem hohen Gehalt an Fettsäure und Vitamin D für gute Laune und ein starkes Sättigungsgefühl. Er ist zudem reich an Vitamin B12, Kalium und Zink, welches entzündungshemmend wirkt.

Thunfisch & rote Zwiebeln

BACKZEIT: 6 MINUTEN

VOR DEM BACKEN
4 Pinsa-Böden
80 g rote Zwiebeln
200 g Mozzarella, gerieben
200 g Thunfisch in Öl

NACH DEM BACKEN
160 g Cherrytomaten
80 g Walnusskerne, nach Belieben
120 g Rucola
40 g Parmesan, gehobelt

TOPPING
40 ml Crema di Balsamico

Aus den Cherrytomaten ein Confit wie auf Seite 37 beschrieben zubereiten.

Die Walnüsse, falls verwendet, grob zerkleinern. Den Rucola waschen und trocken schleudern. Die Zwiebeln in feine Ringe schneiden.

Die Pinsa-Böden mit dem geriebenen Mozzarella bestreuen, den Thunfisch zerzupfen und gleichmäßig darauf verteilen, dann mit den Zwiebelringen belegen. Die Pinsa im vorgeheizten Backofen nach Anleitung backen, dann aus dem Ofen nehmen.

Den Rucola gleichmäßig auf dem gebackenen Boden verteilen. Dann das Tomatenconfit – nach Belieben zusammen mit den Walnüssen – auf die Pinsa geben. Abschließend mit den Parmesanspänen bestreuen und mit der Crema di Balsamico verfeinern.

Die Spanier nennen ihn Bacalao (gern auch getrocknet als Stockfisch), hierzulande ist dieser Fisch als Kabeljau bekannt und eine der bekanntesten Fischsorten im Handel. Am besten nutzt man ein gleichmäßig hohes Mittelstück, damit er besonders saftig wird. Diese Kombination von Fisch mit würzigem Tomatenconfit und saftigem Wildkräutersalat ist ein herrlich mediterraner Genuss.

Kabeljau & Wildkräutersalat

BACKZEIT: 5½ MINUTEN

VOR DEM BACKEN
4 Pinsa-Böden
280 g Kräuter-Crème-fraîche
½ Limette, Saft

NACH DEM BACKEN
200 g Tomatenconfit
(Rezept siehe Seite 37)
50 ml Salat-Vinaigrette
(Rezept siehe Seite 24)
440 g frischer Kabeljau
1 Zitrone, Saft
Salz
4 EL Olivenöl
1 Rosmarinzweig
200 g Wildkräutersalat

TOPPING
120 g grüne Kräutersauce
(Rezept siehe Seite 34)

Das Tomatenconfit, die Salat-Vinaigrette und die grüne Kräutersauce wie auf den Seiten 37, 24 und 34 beschrieben zubereiten.

Den Kabeljau 1 Stunde vor der Verarbeitung aus dem Kühlschrank nehmen und – gemäß den drei »S« – säubern, säuern und salzen: das Filet dafür unter fließendem Wasser abwaschen und trocken tupfen, mit dem Zitronensaft beträufeln und salzen. In einer Pfanne im erhitzten Olivenöl zuerst auf der Hautseite 3 Minuten bei mittlerer Hitze braten. Dann den Rosmarinzweig dazugeben, den Fisch wenden, die Pfanne vom Feuer nehmen und warm stellen, das Filet sollte innen noch glasig aussehen.

Die Crème fraîche mit dem Limettensaft vermengen, gleichmäßig auf die Pinsa-Böden streichen und diese im vorgeheizten Ofen nach Anleitung backen, dann aus dem Ofen nehmen.

Den Wildkräutersalat mit wenig Salat-Vinaigrette (er sollte wirklich nur leicht benetzt sein) vermengen und auf dem Boden verteilen. Das Fischfilet mit der Gabel in kleine Stücke zerrupfen und mit dem Tomatenconfit auf den Salat geben. Mit der grünen Kräutersauce garnieren.

SANDWICH

Rinderhüftsteak mit Basilikum-Mayo

BACKZEIT: 6 MINUTEN

VOR DEM BACKEN

4 Pinsa-Böden (ca. 200 g, 29 × 17 cm)
8 Scheiben Bergkäse

NACH DEM BACKEN

1 Rinderhüftsteak (ca. 200 g)
Salz, Pfeffer aus der Mühle
2 EL Öl
50 g Wildblütensalat
2 Tomaten
1 rote Zwiebel
2 Stiele Basilikum
6 EL Mayonnaise

Das Fleisch trocken tupfen und mit Salz und Pfeffer würzen. Das Öl in einer Pfanne erhitzen und das Fleisch darin von jeder Seite etwa 3½ Minuten braten, dann aus der Pfanne nehmen und in etwa 5 mm dicke Scheiben schneiden.

Den Salat waschen und trocken schleudern. Die Tomaten in Scheiben, die Zwiebel in dünne Ringe schneiden.

Für die Basilikum-Mayo das Basilikum waschen, trocken schütteln und anschließend fein schneiden. Unter die Mayonnaise rühren und mit Salz und Pfeffer abschmecken.

Die Pinsa-Böden mit dem Bergkäse belegen und im vorgeheizten Backofen nach Anleitung backen, dann aus dem Ofen nehmen.

Die Basilikum-Mayo auf dem gebackenen Boden verteilen und die Böden halbieren. Salat, Tomaten, Zwiebel und Fleisch jeweils auf einer Hälfte verteilen, danach den Deckel auflegen – und fertig!

Für die Herstellung der Sandwiches raten wir dazu, den Pinsateig etwas kleiner zu formen als für die klassische Pinsa. Wir arbeiten hier mit 200 g Teig und formen Fladen, die etwa 29 × 17 cm groß sind, so ergibt sich am Ende ein handlicheres Sandwich, das sich halbwegs elegant essen lässt.

Lachs-Sandwich

BACKZEIT: 6 MINUTEN

VOR DEM BACKEN

4 Pinsa-Böden (ca. 200 g, 29 × 17 cm)

NACH DEM BACKEN

½ Bund Dill
6 EL Mayonnaise
2 EL Zitronensaft
200 g Frischkäse mit Joghurt
Salz, Pfeffer aus der Mühle
4 Lachsfilets (je ca. 100 g)
1 EL Öl
1 Avocado
100 g Rucola
½ Gurke

Für die Frischkäsecreme den Dill waschen, gut trocken schütteln und fein hacken. Die Mayonnaise mit dem Zitronensaft in einen hohen Rührbecher geben und mixen, mit dem Frischkäse mischen und mit Salz und Pfeffer abschmecken.

Den Lachs abspülen, trocken tupfen und anschließend im heißen Öl etwa 3 Minuten von jeder Seite anbraten, nach Belieben würzen.

Die Avocado halbieren, den Kern entfernen, das Fruchtfleisch mit einem Esslöffel aus der Schale lösen und in Scheiben schneiden. Den Rucola waschen und gut trocken schütteln. Die Gurke mit Schale in Scheiben schneiden.

Die Pinsa-Böden im vorgeheizten Backofen nach Anleitung backen, dann aus dem Ofen nehmen.

Den gebackenen Boden mit der Frischkäsecreme bestreichen und halbieren. Je eine Hälfte mit Rucola, Avocado, Gurke und Lachs belegen. Die zweite Hälfte auflegen – und genießen.

Für die Herstellung der Sandwiches raten wir, den Pinsateig etwas kleiner zu formen als für die klassische Pinsa. Wir arbeiten hier mit 200 g Teig und formen Fladen, die etwa 29 × 17 cm groß sind, so ergibt sich am Ende ein handlicheres Sandwich, das sich halbwegs elegant essen lässt.

Sandwich »Surf & Turf«-Style

BACKZEIT: 6 MINUTEN

VOR DEM BACKEN

4 Pinsa-Böden (ca. 200 g, 29 × 17 cm)

NACH DEM BACKEN

1 unbehandelte Zitrone
1 kleines Bund Petersilie
6 EL Salatmayonnaise
1–2 TL flüssiger Honig
Salz, Pfeffer aus der Mühle
4 Scheiben Bacon
2 EL Butter
2 Packungen TK-Riesen-Fischstäbchen (à 6 Stück)

Für die Creme die Zitrone heiß abwaschen, abtrocknen und etwa die Hälfte der Schale dünn abreiben. Die Frucht halbieren. Eine Hälfte auspressen, die andere in Spalten schneiden. Die Petersilie waschen, gut trocken schütteln, die Blättchen abzupfen und die Hälfte hacken. Die Mayonnaise mit Zitronensaft und -schale, Honig und der gehackten Petersilie verrühren. Mit Salz und Pfeffer abschmecken.

Die Baconscheiben ohne Fett in einer großen Pfanne knusprig braten, dann herausnehmen. Die Butter im verbliebenen Fett schmelzen und die gefrorenen Fischstäbchen darin portionsweise unter Wenden 10–12 Minuten braten.

Die Pinsa-Böden im vorgeheizten Backofen nach Anleitung backen, dann aus dem Ofen nehmen.

Den gebackenen Boden mit der Creme bestreichen und halbieren. Je eine Hälfte mit den Fischstäbchen und dem Bacon belegen. Die zweite Hälfte auflegen – und genießen!

Für die Herstellung der Sandwiches raten wir, den Pinsateig etwas kleiner zu formen als für die klassische Pinsa. Wir arbeiten hier mit 200 g Teig und formen Fladen, die etwa 29 × 17 cm groß sind, so ergibt sich am Ende ein handlicheres Sandwich, das sich halbwegs elegant essen lässt.

SÜSS

Apfel & Karamell-Ziegenkäse

BACKZEIT: 6 MINUTEN

VOR DEM BACKEN
4 Pinsa-Böden

NACH DEM BACKEN
240 g Ziegenkäse
80 g rote Weintrauben
240 g Apfelmus
80 g brauner Zucker

TOPPING
80 g Milchreiscreme
(Rezept siehe Seite 39)

Die Milchreiscreme wie auf Seite 39 beschrieben zubereiten. Den Ziegenkäse in Würfel von etwa 3 × 3 cm schneiden. Die Weintrauben halbieren.

Die Pinsa-Böden ohne Belag im vorgeheizten Ofen 4 Minuten backen, dann herausnehmen und zur Seite stellen. Den Backofengrill auf die höchste Stufe vorheizen.

Das Apfelmus bis zum Rand auf dem gebackenen Boden verstreichen. Die Ziegenkäsewürfel auf dem Apfelmus verteilen und mit dem braunen Zucker bestreuen.

Die Pinsa in die mittlere Schiene des vorgeheizten Backofens schieben und den Ziegenkäse etwa 2 Minuten grillen, bis der Zucker karamellisiert ist. Noch einfacher geht dies natürlich mit einem Bunsenbrenner – dann, anstatt die Pinsa in den Ofen zu geben, den Ziegenkäse direkt auf der Pinsa karamellisieren. Mit den Weintrauben und der Milchreiscreme dekorieren.

Würziger Ziegenkäse mit karamellisiertem braunen Zucker ist gleichermaßen eine feine sommerliche Speise wie auch ein leichter Imbiss an warmen Tagen – hier mit der Frische des Apfelmuses ein Gedicht!

Apfel-Mascarpone-Creme

BACKZEIT: 6 MINUTEN

VOR DEM BACKEN
4 Pinsa-Böden
320 g Äpfel
Zitronensaft zum Beträufeln
160 g Mascarpone
400 g Apfelmus

NACH DEM BACKEN
120 g gehobelte Mandeln
80 g Zimtzucker (alternativ Kakaopulver oder eine Mischung aus braunem Zucker und Vanillezucker)

Die Äpfel schälen, entkernen, in Würfel schneiden und mit Zitronensaft beträufeln.

Die Pinsa-Böden mit dem Mascarpone bis zum Rand bestreichen, dann mit dem Apfelmus bedecken. Die Apfelwürfel gleichmäßig darauf verteilen und die Pinsa im vorgeheizten Backofen nach Anleitung backen, dann aus dem Ofen nehmen.

Die gehobelten Mandeln in einer Pfanne leicht anrösten, bis sie goldbraun sind, und auf dem gebackenen Boden verteilen. Anschließend mit dem Zimtzucker bestreuen.

TIPP Wegen des Mascarpone und des fruchtigen Apfelmuses kann diese Pinsa auch bis zu zwei Stunden vorher zubereitet werden und gekühlt bereitstehen. Dann vor dem Anrichten kurz im Ofen erhitzen und lauwarm servieren.

Sahniger Mascarpone, fruchtiges Apfelmus und dazu Mandeln als Crunch – diese süße Pinsa bietet sich durchaus auch als Alternative zum Sonntagskuchen an.

Apfel & Gorgonzola

BACKZEIT: 6 MINUTEN

VOR DEM BACKEN
4 Pinsa-Böden
200 g Crème double
Salz
160 g Gorgonzola
160 g Äpfel

NACH DEM BACKEN
80 g Walnusskerne

TOPPING
brauner Zucker
120 g Honig (aus der Flasche lässt er sich am besten verteilen)

Die Crème double mit Salz abschmecken. Man kann auch Pfeffer verwenden, doch löst sich dieser in Crème double schlecht auf. Den Gorgonzola in kleine Würfel schneiden. Die Äpfel ungeschält mit dem Sparschäler in dünne Scheiben schneiden. Die Walnüsse grob hacken.

Die Pinsa-Böden mit der Crème double bestreichen, die Äpfel gleichmäßig darauf verteilen und mit dem Gorgonzola bestreuen. Die Pinsa im vorgeheizten Backofen nach Anleitung backen, dann aus dem Ofen nehmen.

Die Äpfel mit braunem Zucker bestreuen und mit dem Bunsenbrenner (oder unter dem Backofengrill) gratinieren. Die gehackten Walnüsse darauf verteilen. Mit dem Honig beträufeln.

TIPP Anstatt Äpfeln passen auch Birnen wunderbar auf diese Pinsa.

Aprikose & Mandel

BACKZEIT: 5½ MINUTEN

VOR DEM BACKEN
4 Pinsa-Böden
440 g Aprikosenmarmelade

NACH DEM BACKEN
120 g gehobelte Mandeln
frische Aprikosenspalten, nach Belieben
20 g Puderzucker

Die gehobelten Mandeln in einer Pfanne mit Antihaft-Beschichtung bei mittlerer Hitze unter stetigem Wenden 2–3 Minuten rösten – Achtung, sie verbrennen sehr schnell. Wenn sie zu duften anfangen, die Pfanne von der Herdplatte ziehen, die vorhandene Hitze in der Pfanne reicht dann aus, um die Mandeln vollständig zu rösten.

Die Pinsa-Böden mit der Aprikosenmarmelade bis zum Rand gleichmäßig bestreichen und im vorgeheizten Backofen nach Anleitung backen, dann aus dem Ofen nehmen.

Die Mandelblättchen und nach Belieben die Aprikosenspalten auf dem gebackenen Boden verteilen. Den Puderzucker darübersieben.

TIPP Man kann die Mandelblättchen auch karamellisieren. Dafür 2 Esslöffel Butter in eine Pfanne geben und bei mittlerer Hitze erwärmen. 2 Esslöffel Zucker und die Mandeln dazugeben und unter ständigem Rühren goldbraun werden lassen. Abkühlen lassen.

Wer ein wenig experimentieren möchte, kann anstelle der Mandeln auch geröstete Erdnüsse, Haselnüsse oder Cashewkerne verwenden.

Eine einfache und schnelle süße Variante – anstatt Kuchen oder Keksen am Nachmittag.

Banane & Kokos

BACKZEIT: 5 MINUTEN

VOR DEM BACKEN
4 Pinsa-Böden
400 g Schokoladencreme nach Wahl
280 g Banane

NACH DEM BACKEN
40 g Kokosraspel
20 g weiße Schokolade, fein geraspelt

TOPPING
Kirschsauce
(Rezept siehe Seite 38),
nach Belieben

Die Kirschsauce, falls verwendet, wie auf Seite 38 beschrieben zubereiten und in eine Squeeze-Flasche geben.

Die Schokoladencreme großzügig auf den Pinsa-Böden verteilen, am besten geht das mit dem Rücken eines Tee- oder Esslöffels. Die Banane schälen, in etwa 3 cm dicke Scheiben schneiden und damit gleichmäßig den Boden bedecken. Die Pinsa im vorgeheizten Backofen nach Anleitung backen, dann aus dem Ofen nehmen.

Den gebackenen Boden mit den Kokosraspeln und feinsten Raspeln der weißen Schokolade bestreuen. Nach Belieben die Kirschsauce als Topping in Streifen über die Pinsa geben.

Nicht nur Kinder lieben diese Kombination aus Schoko und Banane. Der Fantasie mit zusätzlichen Aromen sind übrigens keine Grenzen gesetzt – man kann, angefangen bei den Früchten bis hin zum Belag, tolle Varianten ausprobieren. Tipp: und immer schön auf die Kids hören…!

Beeren & Birne

BACKZEIT: 5 MINUTEN

VOR DEM BACKEN
4 Pinsa-Böden
200 g Birnen
440 g Beerenmarmelade nach Wahl

NACH DEM BACKEN
120 g Walnusskerne
80 g Honig

TOPPING
40 g Zimtzucker

Die Birnen schälen, vierteln, entkernen und in kleine Würfel schneiden. Die Walnüsse grob zerkleinern. Das geht am besten, wenn man sie in einen Gefrierbeutel gibt und auf einer stabilen Unterlage mit einer Pfanne oder einem Topf »zerklopft«.

Die Beerenmarmelade bis zum Rand auf den Pinsa-Böden verstreichen, die Birnenwürfel darauf verteilen und die Pinsa im vorgeheizten Backofen nach Anleitung backen, dann aus dem Ofen nehmen.

Die Walnüsse auf die noch warme Pinsa geben und den Honig über der Pinsa verteilen. Mit dem Zimtzucker bestreuen. Leicht abkühlen lassen, aber noch warm genießen.

TIPP Der Zimtzucker sorgt für den leicht winterlichen Touch und gibt der Pinsa noch eine zusätzliche spannende Geschmacksrichtung.

Die Frische der Birne kombiniert mit der Süße der Beerenmarmelade und Zimtzucker als Topping – eines unserer Lieblingsrezepte!

Birne & Karamell

BACKZEIT: 5 MINUTEN

VOR DEM BACKEN
4 Pinsa-Böden
240 g Birnen
300 g Mascarpone
75 ml Milch oder Pflanzenmilch
40 g Zucker

NACH DEM BACKEN
80 g Erdnüsse
120 g Karamellsauce
(aus dem Supermarkt)
80 g Granatapfelkerne

TOPPING
Mascarponecreme (s.o.),
nach Belieben

Die Birnen schälen, vierteln und entkernen, dann klein schneiden. Den Mascarpone mit der Milch und dem Zucker gut vermengen. Die Erdnüsse grob hacken oder zerdrücken und in einer Pfanne leicht anrösten.

Die Pinsa-Böden mit der Mascarponecreme bestreichen (nach Belieben etwas für ein zusätzliches Topping beiseitestellen), mit den Birnenstücken bestreuen und die Pinsa im vorgeheizten Backofen nach Anleitung backen, dann aus dem Ofen nehmen.

Den gebackenen Boden mit den Erdnüssen bestreuen und die Karamellsauce in dünnen Streifen darübergeben. Mit den Granatapfelkernen bestreuen – ihr fruchtiges Aroma rundet diese leckere Pinsa nicht nur geschmacklich, sondern mit ihrem intensiven Rot auch optisch ab.
Wer mag, gibt als Topping zusätzlich Mascarponecreme darüber.

Bei diesem raffinierten Rezept ist alles drin, was Pinsa ausmacht: eine cremige Basis mit fruchtigem Obst, ein süßes Topping mit Röstaromen und ein süßer Crunch zusätzlich – so bunt soll Pinsa sein!

Erdnuss & Reese's

BACKZEIT: 4 MINUTEN

VOR DEM BACKEN
4 Pinsa-Böden

NACH DEM BACKEN
200 g Erdnussbutter creamy
120 g Reese's
80 g Erdnüsse

TOPPING
80 ml Schokoladensauce (aus dem Supermarkt)

Die Pinsa-Böden im vorgeheizten Ofen nach Anleitung backen, dann herausnehmen, 1 Minute abkühlen lassen und mit der Erdnussbutter bestreichen. Die Reese's-Cups halbieren und auf die Erdnussbutter geben.

Die Erdnüsse ohne Fett in einer Pfanne braun rösten und auf der Pinsa verteilen. Die Schokoladensauce als Topping rundet alles ab.

Hier kommt die ultimative Pinsa für alle Erdnussfans! Cremige Erdnussbutter trifft auf Erdnuss-Crunch, schokoladige Erdnuss-Cups und Schokotopping. Von dieser Pinsa gibt es keine Light-Version – das finden wir aber auch nicht wirklich schlimm.

Mandarinen & Reese's

BACKZEIT: 4 MINUTEN

VOR DEM BACKEN
4 Pinsa-Böden

NACH DEM BACKEN
400 g Mascarpone
320 g frische Mandarinenscheiben oder Mandarinorangen aus der Dose
80 g Reese's
40 g Zimtzucker

Die Pinsa-Böden ohne Belag im vorgeheizten Ofen nach Anleitung backen, dann herausnehmen, 1 Minute abkühlen lassen und bis zum Rand mit dem Mascarpone bestreichen.

Die Mandarinen gegebenenfalls abtropfen lassen und auf die Pinsa geben. Zum Schluss die Reese's jeweils halbieren und auf der Pinsa verteilen. Mit dem Zimtzucker bestreuen.

An diesen kleinen süßen Tiegeln aus Schokolade gefüllt mit Erdnussbutter-Creme kann man einfach nicht vorbeigehen. Früher haben wir die Reese's aus dem USA-Urlaub mitgebracht – heute bekommt man sie im gut sortierten Supermarkt oder unter www.pinsa-buch.de.

Mandarinen & Spekulatius

BACKZEIT: 4 MINUTEN

VOR DEM BACKEN
4 Pinsa-Böden

NACH DEM BACKEN
160 g Spekulatiuscreme
320 g frische Mandarinenspalten oder Mandarinorangen aus der Dose
40 g weiße Schokolade
40 g Zimtzucker
eingelegte Kirschen, nach Belieben

TOPPING
40 g Milchreiscreme
(Rezept siehe Seite 39)

Die Milchreiscreme wie auf Seite 39 beschrieben zubereiten und in eine Squeeze-Flasche füllen. Die Pinsa-Böden ohne Belag im vorgeheizten Ofen nach Anleitung backen, dann herausnehmen, 1 Minute abkühlen lassen und dünn mit der Spekulatiuscreme bestreichen. Die Mandarinen gegebenenfalls abtropfen lassen und auf die Pinsa geben. Die weiße Schokolade fein raspeln und mit dem Zimtzucker über der Pinsa verteilen. Nach Belieben mit eingelegten Kirschen dekorieren.

Die Milchreiscreme in gleichmäßigen Streifen – oder mit jedem anderen Lieblingsmuster – auf der Pinsa verteilen.

Unsere Version der weihnachtlichen Pinsa Teil eins – eine herrliche Mischung aus Spekulatiuscreme als Basis und der Frische der Mandarinen, getoppt mit Milchreiscreme. Die ersten Spekulatius bekommt man ja mittlerweile schon ab Spätsommer in den Supermärkten – das ist uns zugegeben noch ein wenig zu früh. Mit dieser Mischung aus frischer Frucht und cremigem Vorweihnachtsgeschmack kann man aber jederzeit beginnen.

Mascarpone, Erdbeere & Brownies

BACKZEIT: 4 MINUTEN

VOR DEM BACKEN
4 Pinsa-Böden

NACH DEM BACKEN
500 g Erdbeeren
1 Orange, Saft
1 Zitrone, Saft
3 EL Zucker
200 g Mascarpone
40 g Vanillezucker
80 g Schokoladenbrownies

300 g Erdbeeren mit dem Orangen- und dem Zitronensaft sowie dem Zucker mithilfe des Stabmixers sehr gründlich pürieren. Wer es gern ohne die Kerne mag, streicht das Püree anschließend durch ein sehr feines Sieb. In einer Squeeze-Flasche im Kühlschrank aufbewahren.

Die Pinsa-Böden ohne Belag im vorgeheizten Backofen nach Anleitung backen, dann aus dem Ofen nehmen und 2 Minuten auskühlen lassen.

Den Mascarpone mit dem Vanillezucker cremig verrühren und auf dem gebackenen Boden verteilen. Pro Boden 4 Erdbeeren in Viertel schneiden und auf der Mascarponecreme verteilen. Mit dem Erdbeerpüree in Streifen überziehen. Die Brownies zerkrümeln und darübergeben.

DIE Sommer-Pinsa mit schokoladigem Belag – besonders fruchtig durch das selbst gemachte Erdbeer-Orangen-Topping. Wir kaufen die Erdbeeren gern in der Saison direkt am Feld – man kann sie natürlich auch gleich selbst pflücken. Je frischer, desto besser …

Italien trifft Orient – eine wunderbare Kombination aus Mascarponecreme und süßen Feigen. Natürlich typisch mit Honig und Sesam.

Mascarpone & orientalische Feige

BACKZEIT: 4 MINUTEN

VOR DEM BACKEN
4 Pinsa-Böden

NACH DEM BACKEN
12 getrocknete Feigen
160 g Honig
40 ml Zitronensaft
80 g Sesamsamen
120 g Mascarpone
120 g Frischkäse
1 Bund Minze, Blättchen abgezupft

Die getrockneten Feigen in Streifen schneiden und mit dem Honig und dem Zitronensaft in einem Topf 2 Minuten erwärmen, dann zur Seite stellen. Die Sesamsamen in einer Pfanne leicht anrösten. Den Mascarpone mit dem Frischkäse cremig verrühren.

Die Pinsa-Böden ohne Belag im vorgeheizten Ofen nach Anleitung backen, dann aus dem Ofen nehmen und kurz abkühlen lassen.

Den gebackenen Boden gleichmäßig mit der Mascarponecreme bestreichen. Die Feigenstreifen auf der Creme verteilen und mit den Minzblättern ausgarnieren. Mit dem Sesam bestreuen und genießen.

WISSENSWERTES Die Feige ist eine der ältesten Kulturpflanzen Europas und wird im gesamten Mittelmeergebiet angebaut. Von Juli bis November hat sie Saison und schmeckt getrocknet ebenso gut wie frisch zubereitet. Wir haben uns hier für getrocknete Feigen entschieden.

Mascarpone & X-mas-Punsch

BACKZEIT: 4 MINUTEN

VOR DEM BACKEN

4 Pinsa-Böden

NACH DEM BACKEN

150 ml alkoholfreier Weihnachtspunsch
10 g Speisestärke
70 ml Wasser
240 g Mascarpone
40 g Zimtzucker
Zitronensaft, nach Belieben
20 g Butter
80 g Spekulatius
40 g frische Minze, Blättchen abgezupft

Für die Punschsauce den Weihnachtspunsch aufkochen, dann vom Herd nehmen. Die Speisestärke mit dem Wasser glatt verrühren, zu dem Punsch geben und nochmals 30 Sekunden unter Rühren aufkochen lassen, dann beiseitestellen.

Den Mascarpone mit dem Zimtzucker und nach Belieben etwas Zitronensaft vermengen. Die Butter erwärmen, bis sie schaumig ist, dann vom Feuer nehmen. Die Spekulatius zerbröseln, in die Butter geben und gut verrühren, dann warm stellen.

Die Pinsa-Böden ohne Belag im vorgeheizten Backofen nach Anleitung 4 Minuten backen, dann aus dem Ofen nehmen, 2 Minuten abkühlen lassen und mit dem Mascarpone bestreichen. Die Punschsauce mit einem Löffel über den Mascarpone sprenkeln. Die Spekulatiusbrösel auf der Pinsa verteilen und mit den Minzblättchen ausgarnieren – die sehen nicht nur gut aus, sondern geben auch eine frisch-herbe Note dazu.

Teil zwei der weihnachtlichen Pinsa. Die Mascarponecreme vermengt mit dem Zimt ist die Basis für eine Weihnachtspunsch-Sauce – die Spekulatiusbrösel sind das i-Tüpfelchen für alle X-mas-Fans.

Schoko & Kiwi

BACKZEIT: 4 MINUTEN

VOR DEM BACKEN
4 Pinsa-Böden

NACH DEM BACKEN
4 Kiwis
16 Physalis, nach Belieben
200 g Schokoladencreme nach Wahl

TOPPING
160 g Milchreiscreme (Rezept siehe Seite 39)

Die Milchreiscreme wie auf Seite 39 beschrieben zubereiten. Die Kiwis schälen und in dünne Scheiben schneiden. Wer es gern noch fruchtiger mag, kann je Pinsa noch 4 Physalis halbieren.

Die Pinsa-Böden ohne Belag im vorgeheizten Ofen nach Anleitung backen. Anschließend aus dem Ofen nehmen, leicht abkühlen lassen und mit der Schokoladencreme bestreichen. Dann die Kiwis und gegebenenfalls die Physalis auf dem Boden verteilen. Mit der Milchreiscreme toppen.

WISSENSWERTES Die Physalis – auch Kapstachelbeere oder Andenbeere genannt – schmeckt erfrischend süß-säuerlich und punktet mit ihrem hohen Vitamin-C-Gehalt. Nicht ohne Grund wurde sie früher vor allem von Seefahrern gegessen – zum Schutz vor Skorbut.

Ein klein wenig gesunde Vitamine sollten auch bei der schokoladig-fruchtigen Dessertvariante der Pinsa nicht fehlen. Wer die Kiwi lieber süßer mag, nimmt reife weichere Früchte. Wir jedoch finden die zitrusfrischen festen, jungen Kiwis besser – sie geben einen schönen Aroma-Kontrast.

Schoko & Marshmallows

BACKZEIT: 4 MINUTEN

VOR DEM BACKEN
4 Pinsa-Böden

NACH DEM BACKEN
200 g Schokoladencreme nach Wahl
140 g Marshmallows
200 g grüne Weintrauben

TOPPING
20 ml Kirschsauce
(Rezept siehe Seite 38),
nach Belieben
40 g weiße Schokolade, fein gehobelt

Die Kirschsauce, falls verwendet, wie auf Seite 38 beschrieben zubereiten und in eine Squeeze-Flasche füllen.

Die Pinsa-Böden ohne Belag im vorgeheizten Backofen nach Anleitung backen. Anschließend aus dem Ofen nehmen, leicht abkühlen lassen und mit der Schokoladencreme bestreichen. Dann die Marshmallows gleichmäßig auf dem Boden verteilen und mit dem Bunsenbrenner oder der Grillfunktion des Backofens bräunen – Vorsicht bei beiden Varianten: Die Marshmallows verbrennen leicht!

Für den fruchtigen Geschmack die Weintrauben halbieren und in die Zwischenräume legen. Nach Belieben die Kirschsauce über die Pinsa verteilen. Mit den Schokoladenspänen ausgarnieren.

Die ur-amerikanische Mischung aus Schokolade und gegrillten Marshmallows darf auf keiner Party fehlen. Wir haben uns für die größeren Varianten der in Deutschland auch als Mäusespeck bekannten Schaummasse entschieden, da diese beim Karamellisieren cremiger schmelzen. Aber das Rezept funktioniert prima auch mit Mini-Marshmallows.

Skyr als echte Proteinbombe kombiniert mit einer selbst gemachten süßen Minzsauce und getoppt mit den fruchtig-säuerlichen Granatapfelkernen – hier kann man gesunde Vitamine wirklich genussvoll verzehren!

Skyr & süße Minze

BACKZEIT: 4 MINUTEN

VOR DEM BACKEN

4 Pinsa-Böden

NACH DEM BACKEN

120 g frische Minze, Blättchen abgezupft, nach Belieben
100 ml Zitronensaft
120 g Puderzucker
400 g Skyr Vanille
60 g Granatapfelkerne
40 g weiße Schokolade, fein gehobelt, nach Belieben

TOPPING

Minzpesto (Rezept siehe Seite 38), nach Belieben

Das Minzpesto, falls verwendet, wie auf Seite 38 beschrieben zubereiten.

Die Minzblättchen waschen, trocken schütteln, mit dem Zitronensaft und dem Puderzucker vermengen und mit dem Pürierstab zu einer Creme verarbeiten.

Die Pinsa-Böden ohne Belag im vorgeheizten Backofen nach Anleitung 4 Minuten backen, dann aus dem Ofen nehmen und 1 Minute abkühlen lassen.

Den Skyr auf dem gebackenen Boden verteilen, dann die Granatapfelkerne daraufgeben und die Minze oder das Minzpesto gleichmäßig darübersprenkeln. Wer es noch süßer mag, verfeinert mit geriebener weißer Schokolade.

WISSENSWERTES Skyr ist ein traditionelles Milchprodukt der Isländer, das seit einiger Zeit den hiesigen Markt erobert. Es erinnert von seiner Konsistenz her an einen cremigen Magerquark. Der Legende nach brachten die Wikinger Skyr vor über tausend Jahren nach Island. Es wird ausschließlich aus entrahmter Kuhmilch hergestellt, davon bis zu viermal so viel wie bei einem »normalen« Joghurt. Dieser Zubereitungsart verdankt Skyr seine unvergleichliche Konsistenz und seinen hohen Proteingehalt.

Eine kunterbunte Mischung aus cremigem Belag, frischen bunten Trauben, crunchigen M&M's und süßem Baiser. Nicht nur optisch ein Highlight für jeden Kindergeburtstag, auch geschmacklich gefällt es Alt & Jung.

Vanillepudding & Weintrauben

BACKZEIT: 4 MINUTEN

VOR DEM BACKEN

4 Pinsa-Böden
280 g Vanillepudding (siehe Tipp)

NACH DEM BACKEN

80 g grüne Weintrauben
80 g rote Weintrauben
80 g M&M's
80 g Baiser

TOPPING

40 ml Kirschsauce
(Rezept siehe Seite 38)

Die Kirschsauce wie auf Seite 38 beschrieben zubereiten. Den Vanillepudding wie im Tipp beschrieben zubereiten und lauwarm abkühlen lassen. Wichtig: keinen Fertigpudding aus dem Kühlregal nehmen – dieser eignet sich nicht für den Ofen!

Die Weintrauben halbieren. Die M&M's in einen Gefrierbeutel geben, diesen schließen und mit dem Boden einer Pfanne auf die Tüte klopfen, bis die M&M's zerbröselt sind. Die Baisers von Hand zerkrümeln.

Den Vanillepudding auf die Pinsa-Böden geben und diese im vorgeheizten Backofen nach Anleitung backen, dann aus dem Ofen nehmen.

Die Weintrauben, die Baisers und die M&M's gleichmäßig auf den gebackenen Pudding legen. Mit der Kirschsauce besprenkeln – sie passt hier farblich und geschmacklich bestens dazu.

TIPP Für den Vanillepudding 1 Päckchen (110 g) Vanillepuddingpulver gemäß Anleitung mit 6 Esslöffeln Milch (von insgesamt 500 ml) und 4 Esslöffeln Zucker in einem Schälchen verrühren. Die restliche Milch zum Kochen bringen. Sobald die Milch kocht, den Topf vom Herd nehmen und das angerührte Puddingpulver in die Milch einrühren. Den Topf wieder auf den Herd stellen und die Mischung 1 Minute kochen lassen. Vom Herd nehmen und leicht auskühlen lassen.

Vanillepudding & Zimtapfel

BACKZEIT: 4 MINUTEN

VOR DEM BACKEN

4 Pinsa-Böden
280 g Vanillepudding
(siehe Rezept auf Seite 206
Vanillepudding & Weintrauben)

NACH DEM BACKEN

40 g Butter
280 g Äpfel
40 g Zimtzucker
80 g Granatapfelkerne, nach Belieben
20 g frische Minze, nach Belieben

Den Vanillepudding wie auf Seite 206 beschrieben zubereiten – bitte nicht komplett erkalten lassen, da er sonst zu fest zum Verstreichen wird.

Die Butter in einen kleinen Topf geben und anbräunen. Die Äpfel mit einem Kernausstecher entkernen, in hauchdünne Scheiben schneiden und in der gebräunten Butter erhitzen, dann warm stellen.

Den Vanillepudding auf den Pinsa-Böden verteilen und diese im vorgeheizten Backofen nach Anleitung backen, dann aus dem Ofen nehmen.

Die Äpfel mit dem Zimtzucker vermengen und auf den gebackenen Boden geben. Nach Belieben die Granatapfelkerne und die frische Minze auf der Pinsa verteilen.

Auch mit dem Vanillepudding als Basis kann man herrlich eine Pinsa zubereiten, die winterlich anmutet – der Zimt-Apfel ist dabei der wunderbar fruchtige Belag, die Granatapfelkerne und die frische Minze können zusätzliche Frische und eine tolle Optik liefern.

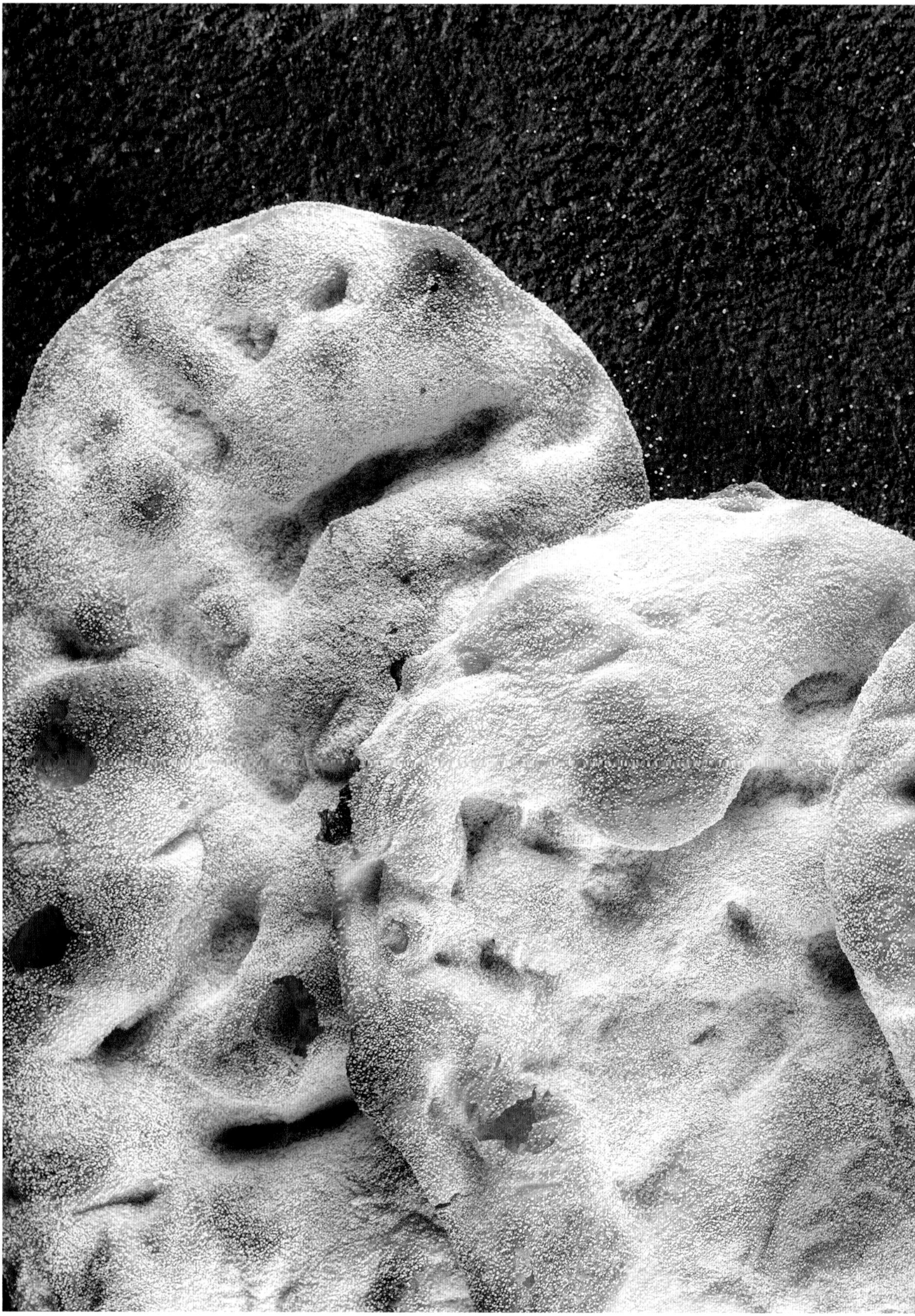

ANHANG

DANKSAGUNG

Bei der Veröffentlichung eines Buches steht immer der Autor im Mittelpunkt. Das ist nicht besonders fair, denn es braucht viele Menschen, um eine solche Veröffentlichung überhaupt erst möglich zu machen. Das gilt natürlich auch für unser Buch. All jene, die uns beim Schreiben geholfen haben, verdienen hier jetzt eine besondere Erwähnung.

Zunächst möchten wir unseren Verlegern danken. Lieber Dr. Urs Hofmann, lieber Dr. Michael Günther, es war berauschend, mit welch herzlichem Willkommen und entspanntem Vertrauen ihr uns entgegengekommen seid! Vielen Dank für die Chance, zwei verrückten Foodies wie uns dieses traumhafte Buch zu ermöglichen.

Lieber Stefan Linde, bester Agent ever – vielen Dank für deine Betreuung, dein Coaching und das Teilen deiner unendlich großen Wissensbank rund um Medien und Bücher. Und much more to come!

Hier nicht Cihan zu vergessen – danke, lieber Cihan, für diese Vermittlung!

Die Lektoren müssen alles lesen, was wir uns in nächtlichen Gedanken und wochenlangen Koch- und Belegesessions überlegt und zu Papier gebracht haben – schwierig genug. Aber für diese besondere Herausforderung, Geschmack, Ästhetik und Genuss so in Worte zu übersetzen, dass es nicht nur gut klingt, sondern auch verständlich ist – dafür unseren ganz speziellen Dank!

Liebe Jule, liebe Nicole – das Foto-Dream-Team. Was müsst ihr gedacht haben, als die beiden Pinsa-Freaks um die Ecke kamen? Ihr habt es geschafft, genau das zu zeigen, was die Idee hinter der Pinsa ist – tolle Produkte, viel Geschmack und noch viel mehr schöne Fotos – vielen lieben Dank an euch!

Unseren Freunden und Wegbegleitern, die uns mit Rat und Ideen, großzügiger Unterstützung und mit lautem Anfeuern gezeigt haben, dass ein Buch zu schreiben erst mit solchen Freunden richtig Spaß macht:

Lieber Christian – danke für alles, deine vielfältige Unterstützung und deine Freundschaft sind so wertvoll. Forever united, Bro!

Peter und Anna – danke für eure Freundschaft, euren Support und den »veganen Input«.

Emile – deine Expertise für beste Speisen und Getränke weltweit und dein Gastgebertum sind legendär. Danke für deine Unterstützung.

Ein ganz spezieller Dank geht an unsere Familien.

Mein Dank gilt meiner Familie – weil ihr einfach unbeschreiblich und wundervoll seid.

Meinen Eltern, weil sie mich im Leben alles gelehrt haben, all mein Chaos ertragen und mich trotzdem immer geliebt und unterstützt haben. Und für euer Lebenswerk, das mit unendlichem Aufwand, noch mehr Nerven, unermüdlichem Einsatz, Rückschlägen und Erfolgen mir heute alle Möglichkeiten eröffnet. Ich werde mein Allerbestes geben, mich seiner würdig zu erweisen.

Und meinem Knödelchen – weil du beste Freundin und kleine Schwester genauso bist wie Kritikerin, Motivatorin, mein externes Gedächtnis für alle Fälle, mein offenes Ohr in jeder Lage – und weil du mir meine beiden Lieblingsmänner geschenkt hast.

Ich hab euch unheimlich lieb.
Daniela

Ich widme dieses Buch meiner Mutter. Unendlichen Dank für deine Geduld und die vielfältigen Ideen, Gedanken und Rezeptanpassungen und nächtlichen Entdeckungsreisen zu neuen Konzepten – bei dir habe ich so viel gelernt, und du hast die Basis für all meine Kochleidenschaft gelegt. Danke!

Tausend Dank an meine Kinder Phillip – du musstest echt viel probieren und helfen – und Alexa für deine und eure wundervolle Unterstützung. Ich bin mega stolz auf euch!

Ein Riesendank meinem lieben Bruder Stefan – nicht nur juristisch der Beste, sondern auch mit Abstand der beste Bruder überhaupt!

Sven

Eigentlich wollten wir uns auch gegenseitig bei uns bedanken – denn das Zusammenraufen bei so einem Buchprojekt ist aufregend und herausfordernd –, wir haben uns aber entschlossen, diesen Dank privat umzusetzen.
Daniela & Sven

Vielen Dank an alle – wir wissen das wirklich zu schätzen.

REZEPTVERZEICHNIS

SAUCEN, DIPS & TOPPINGS

PINSA

AT Verlag AG, Aarau und München
Fotografie: Jule Felice Frommelt
Außer: 13, 14/15, 42/43, 164/165, ©Sven Oliver Neitzel,
Seite 4: ©iStock.com/JJFarquitectos;
Seite 7: ©iStock.com /Daria_Serdtseva;
Seite 8: ©iStock.com/Dennis Diatel Photography;
Seite 9: ©iStock.com/Roman Babakin;
Seite 86/87: ©iStock.com/borzywoj;
Seite 148/149: ©iStock.com Chicco DodiFC;
Seite 210/211: ©iStock.com Rabizo
Lektorat: Nicola Härms
Gestaltung und Satz: AT Verlag
Bildbearbeitung: Christian Spirig, bilderbub.ch
Druck und Bindearbeiten: Printer Trento, Trento

Printed in Italy

ISBN 978-3-03902-177-2

www.at-verlag.ch

Der AT Verlag wird vom Bundesamt für Kultur
für die Jahre 2021–2024 unterstützt.